Infographie : Jean Angrignon Sirois - SMP

Les photos de ce livre sont de :
IStock : 135, 218
Shutterstock : 6, 22, 36, 45, 46, 63, 64, 86, 115, 116, 136, 150,
164, 172, 183, 184, 198
Suzanne Vallières : 104

Catalogage avant publication de Bibliothèque et Archives
nationales du Québec et Bibliothèque et Archives Canada

Vallières, Suzanne

Les psy-trucs : pour les enfants de 6 à 9 ans

(Parents aujourd'hui)

ISBN 978-2-7619-2636-2

1. Éducation des enfants. 2. Enfants - Psychologie. I. Titre.
II. Collection: Parents aujourd'hui.

HQ769.V34 2009   649'.124   C2009-941919-X

Gouvernement du Québec – Programme de crédit d'impôt
pour l'édition de livres – Gestion SODEC –
www.sodec.gouv.qc.ca

L'Éditeur bénéficie du soutien de la Société de
développement des entreprises culturelles du Québec pour
son programme d'édition.

Le Conseil des Arts du Canada
The Canada Council for the Arts

Nous remercions le Conseil des Arts du Canada de l'aide
accordée à notre programme de publication.

Nous reconnaissons l'aide financière du gouvernement
du Canada par l'entremise du Programme d'aide
au développement de l'industrie de l'édition (PADIÉ)
pour nos activités d'édition.

09-09

Dépôt légal : 2009
Bibliothèque et Archives nationales du Québec

ISBN 978-2-7619-2636-2

DISTRIBUTEURS EXCLUSIFS :

• Pour le Canada et les États-Unis :
 MESSAGERIES ADP*
 2315, rue de la Province
 Longueuil, Québec J4G 1G4
 Tél. : 450 640-1237
 Télécopieur : 450 674-6237
 * filiale du Groupe Sogides inc.,
  filiale du Groupe Livre Quebecor Media inc.

• Pour la France et les autres pays :
 INTERFORUM editis
 Immeuble Paryseine, 3, Allée de la Seine
 94854 Ivry CEDEX
 Tél. : 33 (0) 1 49 59 11 56/91
 Télécopieur : 33 (0) 1 49 59 11 33
 Service commandes France Métropolitaine
 Tél. : 33 (0) 2 38 32 71 00
 Télécopieur : 33 (0) 2 38 32 71 28
 Internet : www.interforum.fr
 Service commandes Export – DOM-TOM
 Télécopieur : 33 (0) 2 38 32 78 86
 Internet : www.interforum.fr
 Courriel : cdes-export@interforum.fr

• Pour la Suisse :
 INTERFORUM editis SUISSE
 Case postale 69 – CH 1701 Fribourg – Suisse
 Tél. : 41 (0) 26 460 80 60
 Télécopieur : 41 (0) 26 460 80 68
 Internet : www.interforumsuisse.ch
 Courriel : office@interforumsuisse.ch
 Distributeur : OLF S.A.
 ZI. 3, Corminboeuf
 Case postale 1061 – CH 1701 Fribourg – Suisse
 Commandes : Tél. : 41 (0) 26 467 53 33
  Télécopieur : 41 (0) 26 467 54 66
  Internet : www.olf.ch
  Courriel : information@olf.ch

• Pour la Belgique et le Luxembourg :
 INTERFORUM editis BENELUX S.A.
 Boulevard de l'Europe 117,
 B-1301 Wavre – Belgique
 Tél. : 32 (0) 10 42 03 20
 Télécopieur : 32 (0) 10 41 20 24
 Internet : www.interforum.be
 Courriel : info@interforum.be

SUZANNE VALLIÈRES

Les Psy-trucs

pour les enfants de 6 à 9 ans

LES ÉDITIONS DE L'HOMME

Une compagnie de Quebecor Media

Remerciements

Remerciements très particuliers à mon conjoint, Michel, pour son immense implication et sa précieuse collaboration dans l'écriture de ce livre. Merci pour ton dynamisme et ta motivation tout au long de ce projet.

Merci à Gabrielle, Louis-Alexandre et Antoine pour leur grande patience et compréhension. Vous êtes ma plus belle richesse.

Je dédie affectueusement ce troisième livre à mes sœurs Hélène et Slyvie, et à mon frère Ghyslain. Grâce à vous mon enfance est remplie de magnifiques souvenirs inoubliables que l'on prend un plaisir fou à se remémorer.

Guider son enfant vers l'autonomie

Les questions que tout parent se pose :

* Pourquoi est-ce important que mon enfant soit autonome et responsable ?
* Quelles sont les conséquences possibles d'un manque d'autonomie ou d'une surprotection ?
* Comment favoriser l'autonomie et le sens des responsabilités chez mon enfant ?
* À quel niveau d'autonomie dois-je m'attendre à son âge ?
* Attribuer de l'argent de poche à son enfant, est-ce un bon moyen d'augmenter son autonomie ?

Comme bien des parents, nous avons parfois l'impression de devoir être constamment derrière nos enfants pour préparer leur lunch ou leurs collations, pour choisir leurs vêtements, pour s'assurer qu'ils n'ont rien oublié avant de partir pour l'école, pour superviser leurs devoirs et leurs leçons, etc. Chaque jour, inlassablement, nous leur répétons les mêmes consignes : « Brosse tes dents ! », « Range ta chambre ! », « Ramasse tes souliers ! »... C'est un « travail de soutien » au quotidien que nous souhaiterions souvent éviter. Or, il n'est pas toujours facile, ni même important pour nos petits mousses pleins d'entrain – et surtout motivés par le désir de jouer – de devenir autonomes et responsables aussi rapidement que nous le voudrions.

Pourquoi est-ce important que mon enfant soit autonome et responsable ?

L'autonomie est la faculté d'agir par soi-même, la capacité de faire ou de décider quelque chose sans avoir besoin d'aide ou sans être influencé par les autres. L'autonomie s'exprime aussi par la capacité de l'enfant à subvenir à ses besoins. Elle implique évidemment un sens des responsabilités, qui lui permettra de respecter les règles en vigueur dans la famille, à l'école et en société.

Le désir d'autonomie se manifeste très tôt dans la vie d'un enfant : lorsqu'il commence à ramper pour aller chercher un jouet ; lorsqu'il désire manger ou mettre ses souliers tout seul, etc. ! Mais c'est normalement entre 5 et 12 ans que nos enfants font de grands apprentissages sur ce plan, deviennent de plus en plus indépendants et parviennent progressivement à prendre davantage de responsabilités, une capacité qui, ne l'oublions pas, est en constante progression et sera probablement encore à développer... même à l'adolescence !

En tant que parents, nous avons un rôle important à jouer pour favoriser la quête d'autonomie de notre enfant et le développement de son sens des responsabilités. Ces éléments sont même à la base de toute éducation réussie puisqu'ils lui permettront d'affronter les réalités de la vie quotidienne. Nous aidons notre enfant à développer son autonomie chaque fois que nous évitons de le surprotéger ou de tout faire à sa place et que nous lui donnons l'occasion de faire des choix, de prendre des responsabilités et d'accomplir certaines tâches. En adoptant une telle attitude, nous l'aidons également à développer sa confiance en lui-même, son estime de soi et son sentiment de compétence (« Je suis capable ! »).

Un enfant autonome se sentira donc apte à réussir et n'aura pas peur d'essayer, de poser des questions ou même de faire des erreurs ! Il saura se débrouiller dans la vie. D'ailleurs, plusieurs études indiquent que l'autonomie chez l'enfant favorise sa réussite scolaire ainsi que son adaptation sociale... gages de succès pour le reste de sa vie !

Quelles sont les conséquences possibles d'un manque d'autonomie ou d'une surprotection ?

Le manque d'autonomie chez un enfant se manifeste dans ses gestes de tous les jours. En voici les principaux signes :

* Il a de la difficulté à entreprendre quelque chose de nouveau ou à l'accomplir seul;
* Il se dit incapable de faire certaines tâches ou activités qui sont pourtant de son âge;
* Il attend qu'on fasse les choses à sa place;
* Il éprouve de la difficulté à décider par lui-même, à faire des choix (par exemple à choisir ses vêtements);
* Il demande toujours notre aide (ne persévère pas);
* Il est incapable, à 8 ou 9 ans, de faire ses devoirs seul (ne se contente pas d'une supervision);
* Il n'aime pas jouer seul, sans que quelqu'un soit près de lui;
* Il s'ennuie souvent, il a de la difficulté à rester seul;
* Il éprouve de la difficulté à accomplir ses taches quotidiennes (par exemple, on doit lui rappeler constamment les consignes du matin).

Les conséquences du manque d'autonomie chez l'enfant apparaissent surtout lorsqu'il quitte le nid familial, notamment pour aller à la garderie ou à l'école. Ces milieux exigent de fait un minimum d'autonomie et de responsabilité chez nos jeunes, et ceux qui n'y sont pas préparés éprouvent rapidement des problèmes d'adaptation pouvant entraîner tension et difficultés scolaires.

Les conséquences d'un manque d'autonomie se situent principalement sur deux plans:

* **Sur le plan social.** Cela peut se traduire par de la difficulté à s'adapter et à suivre son groupe d'amis. Par exemple, un jeune de 8 ans qui est le seul dans le quartier à ne pas faire du vélo ou qui ne veut pas passer une journée complète à une fête d'amis risque d'être mis à l'écart par les autres;
* **Sur le plan de l'estime de soi.** Un enfant qui n'est pas autonome dans certaines tâches peut se sentir « moins bon » que les autres, se dévaloriser.

Les répercussions de la surprotection

Un enfant surprotégé (qui a vécu « au crochet » de ses parents) n'a malheureusement pas la chance d'acquérir autant d'autonomie que les autres jeunes et a généralement de la difficulté à développer son estime de soi et sa confiance en soi. Lorsque nous surprotégeons notre enfant, nous l'empêchons de prendre des décisions et des initiatives et, surtout, de courir certains risques. Ces petits risques, qui font partie du quotidien, ont toute leur importance et permettent à l'enfant de pousser plus loin ses limites, de découvrir en lui-même de nouvelles capacités, de vivre de petites réussites et, inévitablement, des échecs (que ce soit une mauvaise chute ou un résultat désastreux à sa première tentative d'une nouvelle activité). Ces échecs sont très formateurs et donnent l'occasion à chaque enfant de se connaître, de tirer quelques leçons, bref d'acquérir une expérience qui lui donnera la chance, à la prochaine occasion, de changer cet événement en réussite.

Il est important de prendre conscience que la confiance en soi chez l'enfant augmente au fur et à mesure que son autonomie grandit, et qu'il est impossible pour lui de devenir autonome si ses parents « vont toujours au devant ». Un comportement surprotecteur alimente chez le jeune une grande dépendance vis-à-vis de l'adulte et peut l'amener à devenir un préadolescent ou un adolescent qui risque d'avoir toujours besoin de l'appui de ses parents (ayant le sentiment qu'il n'est pas capable de faire quelque chose par lui-même). Ces ados deviennent souvent des adultes « insécures » qui ont malheureusement de la difficulté à prendre des décisions dans la vie.

Comment favoriser l'autonomie et le sens des responsabilités chez mon enfant ?

Au cours de leur vie, nos enfants doivent développer leur autonomie sur plusieurs plans : l'habillement, l'alimentation, les soins corporels, les devoirs et les leçons, les tâches ménagères, le réseau social, etc.

C'est un processus graduel qui commence dès la naissance et se poursuit jusqu'à l'âge adulte.

Voici quelques conseils qui vous permettront d'établir un climat propice au développement de l'autonomie et du sens des responsabilités chez votre enfant :

* **Accepter son besoin d'indépendance.** Un enfant qui devient autonome devient par le fait même de plus en plus capable de faire des choix et de prendre certaines responsabilités. Ce processus implique donc une coupure progressive du lien de dépendance avec ses parents. Cette coupure, parfois difficile à faire ou à accepter pour ces derniers, peut freiner (peut-être inconsciemment) leur désir de voir leur jeune devenir autonome. C'est probablement pour cette raison qu'il a été difficile, émotivement parlant, de le voir partir pour sa première journée d'école. Et ce sera peut-être le cas également lorsqu'il quittera définitivement la maison familiale pour aller vivre en appartement. Nous devons donc prendre conscience que, même si cette quête d'indépendance nous affecte quelque peu, nous agissons dans notre intérêt (et surtout dans le sien) en lui permettant d'accéder à cette autonomie ;

* **Éviter de le surprotéger.** Développer l'autonomie d'un enfant, c'est aussi accepter de lui faire confiance et lui permettre de courir quelques risques. Notre instinct de protection doit alors se limiter à « garder l'œil ouvert », puisqu'une attitude surprotectrice nuirait à son développement. Si nous sommes constamment inquiets pour notre enfant, il risque de le percevoir. S'il sent que nous doutons de ses capacités, il se mettra lui aussi à en douter ; il perdra confiance en lui et sera inquiet à l'idée de devoir se débrouiller seul ;

* **Ne pas tout faire à sa place.** Quand un enfant n'arrive pas à faire une tâche, nous avons parfois tendance à la faire à sa place, soit pour gagner du temps, soit pour éviter des pro-

blèmes, ou parce que c'est plus simple comme ça! Mais c'est une erreur : en agissant ainsi, nous privons notre enfant du plaisir qu'il aurait à accomplir quelque chose par lui-même et, par conséquent, à grandir. Sur le coup, nous avons peut-être l'impression de gagner du temps ou de rendre les choses plus faciles, mais à plus long terme, ce n'est pas le cas. Le temps et la patience que nous lui accordons au moment où il apprend par lui-même à faire certaines tâches nous permettront d'économiser... temps et patience lorsqu'il sera autonome ;

*   **Le laisser choisir et décider.** Être capable de faire des choix et de prendre des décisions, c'est évidemment un signe d'autonomie. Il ne faut pas hésiter à placer son enfant devant un choix et à le laisser prendre la décision (qu'on pourra accepter ou contester par la suite, si cela est nécessaire !). Par exemple, impliquez votre enfant dans la sélection de ses activités parascolaires ou dans le choix et la préparation de ses collations et de son repas du midi... Veillez toutefois à ne pas critiquer ou punir votre enfant lorsqu'il a pris une mauvaise décision. Mieux vaut en discuter avec lui et l'aider à prendre conscience de ce qui s'est passé afin qu'il puisse faire un meilleur choix à la prochaine occasion ;

*   **Le faire participer aux tâches domestiques.** Beaucoup d'enfants n'effectuent aucune tâche ménagère à la maison. Les parents ne l'exigent pas, soit par manque de temps et de patience, soit par crainte que ce ne soit pas fait « à leur goût ». Et pourtant ! Lorsque nous donnons à notre enfant l'occasion de faire certains travaux (sous notre supervision au début, afin de le guider ou de l'aider, si cela est nécessaire), nous lui permettons de prendre confiance en lui. Il faut donc l'encourager à prendre la responsabilité de certaines tâches telles que passer l'aspirateur, ranger sa chambre, faire son lit, aider à ranger l'épicerie, desservir la table ou participer à l'entretien du terrain ;

✳ **Le valoriser et l'encourager.** Il est important de permettre à son enfant de s'acquitter de certains travaux, mais surtout de l'aider et de le guider vers la réussite. Il faut le motiver, le soutenir, l'aider à faire preuve de persévérance et le *féliciter pour ses moindres progrès ou pour chaque réussite (si petite soit-elle)*. Il est d'ailleurs conseillé de ne pas être trop exigeant ni perfectionniste et d'éviter de le gronder ou de lui faire des remarques négatives s'il ne parvient pas à faire quelque chose par lui-même. N'oublions pas que les enfants sont des êtres en construction et que les erreurs font partie de leur apprentissage. Il faut donc les encourager dans leurs efforts (même infructueux). En fait, laisser son enfant devenir autonome, c'est mettre de côté la perfection et accepter que les choses soient faites à sa manière et à son rythme;

✳ **Lui enseigner la persévérance.** Par des encouragements bien ciblés, nous pouvons motiver notre enfant à persévérer, particulièrement lorsque la tâche lui semble un peu difficile : « Lâche pas mon grand, tu vas y arriver, t'es capable! » Au besoin, nous pouvons également le guider dans sa démarche : « Tu peux peut-être essayer de cette manière... » Voilà des façons efficaces de le motiver et de l'aider à réussir! (Voir « Comment donner le goût de l'effort à son enfant? La persévérance », à la page 105.);

✳ **Lui donner des responsabilités.** Il faut non seulement donner des tâches à son enfant, mais le rendre responsable de celles-ci. N'hésitez pas à confier à votre enfant la *responsabilité* de certains travaux, qu'il devra assumer de façon régulière sans que vous ayez à lui rappeler constamment de les faire (bien que ce soit tout de même inévitable de temps en temps!). La préparation d'un aide-mémoire contenant la liste des tâches à faire chaque semaine peut vous être d'une grande aide à cet effet. Par exemple, vous pourriez lui donner la responsabilité de mettre la table au repas du soir, de passer l'aspirateur au salon, de donner de l'eau au chien ou de mettre les ordures ménagères au chemin;

✳ **Ne pas le forcer.** Il ne faut surtout pas forcer un enfant à faire quelque chose de nouveau ou dont il ne se sent pas capable. Une nouvelle expérience vécue de façon négative peut freiner son désir d'autonomie et risque d'anéantir sa volonté ou son envie d'expérimenter de nouvelles choses. Si votre enfant manifeste une forte réticence à faire quelque chose, essayez de le soutenir, de le guider et même de faire cette nouvelle activité *avec lui* dans un premier temps, afin que son niveau de confiance augmente.

Il est important de réaliser que le meilleur environnement pour apprendre à notre enfant à devenir autonome et responsable, c'est le milieu familial : parce que nous sommes toujours présents en tant que parents, nous pouvons faire un suivi et encourager notre jeune de façon constante, voire au quotidien. C'est un processus qui peut commencer très tôt, dès le moment où notre enfant manifeste de l'intérêt à faire quelque chose seul (par exemple, quand il veut aller chercher sa couche lui-même ou mettre ses souliers sans notre aide). Cet apprentissage demande cependant du temps et de la patience (ça ne va pas aussi vite que nous le voudrions...) ; nous devons aussi faire preuve de constance dans nos interventions. Bref, l'attitude générale à adopter consiste à laisser l'enfant explorer par lui-même (tout en gardant l'œil ouvert) et à lui faire confiance. Rendre un enfant autonome, c'est l'accompagner sans prendre trop de place, sans prendre SA place. C'est lui donner la main lorsqu'il en a besoin, sans l'empêcher de marcher seul. C'est lui donner du pouvoir sur sa vie, de façon qu'il soit en mesure d'affronter plus adéquatement les différentes étapes de son évolution et les obstacles qui surgiront.

À quel niveau d'autonomie dois-je m'attendre à son âge ?

Plus l'enfant grandit, plus il réclame de l'indépendance. Quand vient le temps de donner plus de responsabilités ou d'autonomie à son enfant, il peut être difficile de connaître le bon dosage ou la limite : la ligne entre la protection et la surprotection est en effet parfois bien mince.

Lorsque la situation est ambiguë, il est bon d'en discuter avec des personnes ayant des enfants du même groupe d'âge. En comparant ainsi notre enfant avec les autres, nous pouvons acquérir cette petite dose d'objectivité qui nous manque si souvent quand il s'agit du bien-être de notre petit. Il est d'ailleurs intéressant de voir que nous n'acceptons parfois ses demandes ou son besoin d'autonomie qu'après avoir constaté que tous ses amis étaient rendus à ce stade!

Nous devons cependant rester prudents et respecter le rythme de notre enfant. Ce n'est pas parce que le petit voisin du même âge va à l'école seul ou passe de longues journées seul à la maison que notre enfant doit faire de même. Il convient donc de bien évaluer sa capacité et de tenir compte de sa personnalité. On ne donne pas le même niveau d'autonomie à un enfant impulsif ou influençable qu'à celui qui est mature, calme et très responsable.

L'important, c'est d'être à l'écoute des besoins d'indépendance de son enfant, de déceler les signes qu'il recherche un peu plus d'autonomie et de répondre à ce besoin, tout en assurant sa sécurité.

Est-il prêt pour le camp de vacances?

Plusieurs parents se demandent si leur enfant est prêt pour vivre un camp de vacances ou s'il sera capable de rester plusieurs jours loin de papa et maman! Tout est une question de maturité affective. Avant 6 ans, les enfants sont encore un peu jeunes pour cela, mais à partir de 7 ou 8 ans, leur niveau d'autonomie a augmenté de même que leur ouverture au monde qui les entoure: ils sont donc plus réceptifs.

Mais votre enfant est-il prêt pour autant? Tout dépend de lui, et ce n'est pas tant une question d'âge que de tempérament. Il faut aussi évidemment tenir compte de son intérêt et de son désir de tenter cette expérience. Votre enfant a du mal à quitter la maison pour aller chez des amis ou chez les grands-parents? Est-ce encore plus difficile lorsque cela implique de coucher ailleurs? Le meilleur moyen de savoir s'il est prêt, c'est de lui en parler, de vérifier comment il se sent à l'idée de partir sans vous.

S'il semble très inquiet, voire anxieux, lorsque vous abordez le sujet, c'est qu'il n'est peut-être pas prêt. S'il manifeste une inquiétude modérée ou des interrogations qui sont normales devant toute nouvelle situation, il suffira peut-être de le sécuriser. Rappelez-lui alors ses appréhensions avant sa première journée d'école (sa crainte de ne pas se faire d'amis, sa peur de l'inconnu) et comment tout s'est finalement bien déroulé.

Soyez toujours positif et discutez avec votre enfant des avantages d'un séjour de vacances avec des enfants de son âge, sans sa famille. Il est également possible d'envisager de l'envoyer à un camp avec un ami ou de commencer par un court séjour de deux ou trois jours seulement, question de lui permettre de s'acclimater graduellement, au fil des ans !

Il s'agit donc d'évaluer le degré de tolérance de l'enfant et de juger si ses réticences peuvent être compensées par cette petite tape dans le dos qui le poussera à relever ce nouveau défi vers une plus grande autonomie !

Peut-il rester seul à la maison ?

Il n'est généralement pas recommandé de laisser un enfant de moins de 12 ans seul à la maison. Bien qu'il puisse avoir la maturité affective ou la capacité de rester seul, il n'a probablement pas, avant cet âge, le jugement ni les connaissances requises pour faire face à certaines situations qui pourraient survenir en l'absence d'un adulte (inconnu à la porte, blessure, etc.).

Si, pour des raisons d'organisation familiale, votre enfant doit demeurer seul à la maison pendant de courtes périodes (en arrivant de l'école, le temps que maman ou papa revienne du travail, par exemple), assurez-vous que les directives sont claires et qu'il a en main les coordonnées de toutes les ressources disponibles en cas de problème ou d'urgence (le numéro de téléphone de la voisine, de grand-maman, etc.).

Nous l'avons vu précédemment, l'attribution des tâches et des responsabilités fait partie des moyens d'augmenter l'autonomie de notre petit. On peut débuter dès l'âge de 2 ans, environ, en agissant dans le quotidien. Au début, on l'aide à faire la tâche attribuée, ce qui le stimule tout en nous permettant de lui montrer comment faire, puis on le laisse graduellement faire tout seul. Évidemment, les tâches doivent être choisies en fonction des capacités et du niveau de maturité de l'enfant.

Il est normal d'entretenir des attentes envers son enfant et de vouloir le pousser toujours un peu plus. Toutefois, nous devons demeurer réalistes et ne rien forcer ni précipiter pour ne pas que ce désir d'autonomie se transforme en expérience négative. À l'inverse, certains parents hésitent à distribuer des responsabilités à leur jeune, par crainte ou parce qu'ils sous-estiment ses capacités. Or, les enfants sont capables de bien des choses, souvent beaucoup plus qu'on le pense. Il s'agit de leur laisser la chance de les réaliser tout en assurant une certaine supervision. L'important, c'est d'y aller progressivement.

Voici quelques exemples de tâches à attribuer, selon l'âge de l'enfant :

* *2-3 ans* : Ranger ses jouets, se laver les mains, brosser ses cheveux ;
* *3-4 ans* : S'habiller seul, mettre les vêtements dans le panier à linge, ranger les napperons ;
* *5 -6 ans* : Faire son lit, aider à ranger l'épicerie ;
* *7-8 ans* : Desservir la table, choisir ses vêtements (tout en le guidant !). Donner à boire ou à manger à son animal de compagnie ;
* *9-12 ans* : Aider au ménage, mettre les ordures ménagères au chemin. Passer l'aspirateur, nettoyer le garage, ramasser les feuilles, laver la voiture ;
* *12 ans et +* : Tondre le gazon, pelleter la cour, entretenir sa chambre.

Range ta chambre !

Ranger n'est pas un comportement naturel chez l'enfant ! Même pour les grands de 9 ans, placer leurs souliers à l'entrée et accrocher leur manteau demandent un effort dont ils ne voient pas toujours l'intérêt. De toute évidence, ils n'accordent pas à cette tâche la même importance que nous (ce n'est pas grave… pour eux !). C'est à nous de leur faire comprendre qu'au quotidien, ranger les choses facilite la vie de tous : c'est simple de prendre un verre quand on sait qu'il est toujours placé dans la même armoire, simple de retrouver un crayon quand on sait qu'il est toujours rangé dans le tiroir à crayons !

L'apprentissage du rangement demande beaucoup de patience et de constance de notre part. Il ne faut surtout pas baisser les bras et succomber à la tentation de le faire soi-même ! Il est parfois nécessaire de montrer à son enfant comment ranger, mais sans le faire à sa place.

Il est à noter que sa chambre a sur ce plan un statut particulier puisque c'est son territoire « intime ». On doit donc faire preuve d'un peu plus de tolérance et lui laisser la liberté de gérer cet espace, tout en lui imposant tout de même de le garder propre. Généralement, un enfant de 8 ou 9 ans est assez grand pour ranger sa chambre et y passer l'aspirateur. Il faut simplement respecter sa façon de faire, pour autant que la pièce soit « à peu près » en ordre. Par exemple, certains jeunes préféreront placer leurs bandes dessinées bien empilées sur leur bureau, alors que d'autres voudront les entasser par terre, près de leur lit. Rien ne sert d'exiger la perfection. Surtout, évitez de « passer derrière lui » sans quoi, il se détachera de cette responsabilité et vous laissera le soin de finir le travail… à sa place !

Attribuer de l'argent de poche à son enfant, est-ce un bon moyen d'augmenter son autonomie ?

Le besoin d'avoir leur propre argent de poche se manifeste généralement beaucoup plus chez les enfants de 10 à 12 ans. Par contre, à force d'entendre les adultes en parler, certains jeunes moins âgés finissent par s'y intéresser et par en faire la demande. Il y a des avantages à cela, mais aussi des inconvénients à ne pas oublier. Évidemment, l'attribution de cette allocation dépend de nos valeurs personnelles et de celles que nous voulons transmettre à nos bambins.

L'argent de poche peut aider votre enfant à grandir et à se sentir responsable. En lui attribuant cette somme, vous lui offrez ce début d'autonomie dont il rêve. Vous pouvez commencer par un petit montant (quelques dollars) chaque semaine, le but n'étant pas de l'enrichir, mais de le responsabiliser. *Au début, il aura évidemment tendance à tout dépenser, puis, peu à peu, il va contrôler son besoin, commencer à prendre conscience de la valeur des choses et vouloir économiser pour se procurer des éléments plus importants qui lui tiennent à cœur.*

Plutôt que d'offrir un montant hebdomadaire, certains parents préfèrent rémunérer leur enfant pour les différentes tâches qu'il aura accomplies dans la maison. Nous devons être prudents avec cette approche, puisqu'elle risque d'enseigner au jeune que rien n'est gratuit, que tout est monnayable. Or, la participation de tous et chacun dans les petits travaux de la maison ne devrait pas se monnayer. Cela va également à l'encontre du sens de l'entraide et de la solidarité familiale.

Le meilleur compromis serait de donner à l'enfant de l'argent pour des tâches qui sortent de l'ordinaire (ramasser les feuilles, nettoyer le garage, etc.) ou pour des tâches spéciales dont il prendra la responsabilité sur une base régulière (par exemple passer l'aspirateur au salon, laver la voiture). Évitez de le rémunérer pour des tâches quotidiennes qui vont de soi et qui devraient faire partie intégrante de son mode de vie (ranger sa chambre, faire son lit, mettre ses vêtements au panier).

Les psy-trucs

1. Prendre conscience qu'un manque d'autonomie chez notre enfant peut avoir des conséquences dans sa vie, notamment sur les plans social et scolaire. Cela peut également nuire au développement de son estime de soi.

2. Se rappeler que tout enfant acquiert son autonomie progressivement. Pour cela, il faut lui laisser la chance de prendre certains risques et de vivre de nouvelles expériences de réussites mais aussi d'échecs.

3. Éviter de surprotéger son enfant. La surprotection l'empêche de devenir autonome, le rend dépendant et nuit à sa confiance et à son estime de soi.

4. S'abstenir de tout faire à sa place ou de terminer les tâches pour lui, sous prétexte que c'est plus rapide et facile ainsi.

5. Ne pas prendre toutes les décisions à sa place. Laisser son enfant faire des choix, tout en intervenant ou en le guidant, au besoin, vers ce qui est le mieux pour lui.

6. Faire participer son enfant aux tâches quotidiennes de la maison (faire son lit, ranger sa chambre, desservir la table, etc.). Dresser la liste des tâches qu'il doit faire dans un aide-mémoire, si cela est nécessaire.

7. Respecter la façon dont il s'acquitte de ses tâches. Ne pas se montrer trop exigeant ni perfectionniste. Éviter de le gronder ou de faire des remarques négatives s'il n'arrive pas à faire quelque chose par lui-même ou selon nos critères.

8. Encourager l'enfant dans ses efforts (même infructueux) et le féliciter pour ses progrès et ses réussites (si petites soient-elles).

Comment motiver son enfant à l'école?

* Il a de la difficulté à se mettre au travail;
* Il ne persévère pas, il abandonne facilement à la moindre difficulté;
* Il ne prend pas l'école à cœur (désintérêt général) et l'exprime ouvertement («J'aime pas ça l'école!», «C'est plate l'école!»);
* Il ne réussit pas à obtenir de bons résultats (malgré ses capacités intellectuelles);
* Il n'a pas le goût de recevoir de l'aide lorsqu'il éprouve de la difficulté;
* Il adopte des comportements d'opposition ou de repli sur soi.

Une telle attitude est toujours inquiétante, et nous sommes parfois pris au dépourvu, ne sachant pas trop comment notre enfant a pu en arriver là!

Pourquoi mon enfant n'aime-t-il pas l'école ou est-il démotivé?

C'est toujours préoccupant de constater que son enfant est démotivé à l'école, surtout s'il s'est montré si enthousiaste et enjoué au début de sa vie scolaire (à la maternelle). De fait, au fil des ans, certains enfants perdent leur motivation, et ce, pour plusieurs raisons.

* **Les difficultés d'apprentissage.** Les mauvais résultats scolaires à répétition peuvent évidemment affecter la confiance et la motivation d'un enfant. L'erreur serait de laisser aller les choses sans réagir. Nous devons tenter de trouver les raisons pouvant expliquer ses difficultés. Par exemple, votre enfant est-il constamment fatigué? Vit-il des situations familiales difficiles (divorce, deuil...)? Présente-t-il un déficit de l'attention? Vous devez dès maintenant l'aider à surmonter ses difficultés avant qu'il ne développe un sentiment d'incompétence. (Voir « Pas toujours facile l'école! Les difficultés scolaires », à la page 65.)
* **Le rejet social.** Les conflits avec les amis ou le rejet peuvent provoquer chez l'enfant un désintérêt envers l'école, et même susciter chez lui le désir de vouloir y échapper à tout prix. Tout

devient un prétexte pour ne pas y aller! Si c'est le cas de votre enfant, n'hésitez pas à en parler avec lui et avec son enseignant afin de bien comprendre ce qui se passe et d'intervenir le plus efficacement possible.

* **L'absence de sentiment d'appartenance.** Le sentiment d'appartenance à l'école contribue fortement à la motivation scolaire de l'enfant. Il lui procure un sentiment de bien-être et de détente. Le jeune a hâte d'aller à l'école pour revoir ses amis, les enseignants, les divers intervenants, et pour plonger dans ce milieu si effervescent... Bref, c'est le petit côté « social » de l'école qui le stimule! Les enfants qui éprouvent un tel sentiment d'appartenance sont fiers de leur école et seront les premiers à s'opposer à un déménagement impliquant un changement d'école.

* **Un problème avec son enseignant.** Un enfant peut être affecté, voire démotivé, par le fait qu'il n'aime pas son enseignant. Si cela se produit, il ne faut surtout pas se rallier immédiatement à son point de vue: ce n'est souvent qu'une question de tempérament et d'adaptation de part et d'autre. (Voir « Il n'aime pas son enseignant! » à la page 165.)

* **Le désintéressement des parents vis-à-vis de l'école.** Notre attitude vis-à-vis de tout ce qui touche l'école a un effet énorme sur la motivation de notre enfant. Il est intéressant de constater que la grande majorité des parents sont très motivés et engagés quand leur enfant commence l'école, comme l'illustre le haut taux de participation de ces derniers aux réunions de parents et aux activités de la maternelle! Malheureusement, cet intérêt s'estompe souvent en cours d'année, et cela, nos enfants le perçoivent très bien!

* **La faible estime de soi.** Une faible estime de soi peut entraîner des difficultés scolaires, et les difficultés scolaires peuvent affecter l'estime de soi... C'est un cercle vicieux. En tant que parents, notre rôle est de briser cette tendance en réagissant adéquatement aux difficultés scolaires de nos jeunes. Si nous laissons simplement la roue tourner, nos enfants risquent de perdre toute motivation. (Voir « Pas toujours facile l'école! Les difficultés scolaires », à la page 65.)

« Maman, j'ai mal au ventre ! »

Qui n'a pas eu un jour à faire face à un enfant qui se plaignait de maux de ventre ou affirmait être trop fatigué dans le seul but de ne pas aller à l'école ? Sans parler de simulation, un enfant peut ne pas vouloir aller à l'école et être anxieux au point d'en avoir mal. On dit qu'il somatise et transfert son anxiété dans son ventre (l'endroit de prédilection de nos problèmes affectifs !). Quoi qu'il en soit, c'est un comportement qui révèle un manque de motivation ou un problème scolaire important qu'il faut évidemment tenter de connaître et de résoudre.

Dans un tel cas, il ne faut pas nier le malaise de son enfant, mais plutôt l'aider à exprimer ce qu'il ressent : « Est-ce que tu as mal au ventre parce que tu es nerveux ? Est-ce que quelque chose te dérange à l'école ? » Ses maux constituent probablement une conséquence ou une manifestation d'un problème plus grave qu'il faut tenter de cerner avec lui afin de trouver les solutions possibles.

Malgré tout, il ne faut certainement pas tomber dans le panneau et encourager cette forme d'évitement. Si vous acceptez que votre jeune reste à la maison, *veillez à ce qu'il n'en retire pas trop d'avantages secondaires* et minimisez ses privilèges pour ne pas que cela devienne une belle journée de « vacances » qu'il voudra certainement prolonger ! Voici quelques conseils à ce propos :

    ✳   Exigez que votre enfant demeure au lit s'il est souffrant (Pas question de jouer dehors !) ;

    ✳   Interdisez ou limitez sérieusement l'accès à la télévision ou à l'ordinateur ;

    ✳   Veillez à ce qu'il aille se coucher plus tôt qu'à l'habitude, le soir venu (Il doit récupérer le plus rapidement possible !) ;

    ✳   Offrez-lui d'aller voir le médecin si son mal persiste le lendemain matin. Cela aura peut-être un effet de guérison instantanée !

Ces simples mesures lui enlèveront peut-être le goût de réutiliser le stratagème trop souvent.

Un enfant surdoué et... démotivé ?

Plus de 5 % des enfants seraient surdoués (ou feraient l'objet de ce qu'on appelle parfois une « précocité intellectuelle »). Cela représente près d'un élève par classe. Or, ces enfants ayant un fort potentiel intellectuel peuvent présenter des troubles de comportement ou un manque de motivation important s'ils ne sont pas rapidement dépistés afin de bénéficier d'une attention ou d'un encadrement particuliers.

Devant un enseignement mal adapté à leurs besoins, certains d'entre eux réagiront passivement, perdront tout intérêt et toute motivation face à l'école. D'autres manifesteront des comportements dérangeants, seront turbulents, et poseront sans cesse des questions pour troubler la classe ou gêner l'enseignant. Dans tous les cas, ces enfants sont déçus par l'école puisqu'elle ne répond pas à leurs attentes et finissent par décrocher. D'où l'importance de repérer ces surdoués et d'adapter quelque peu l'encadrement scolaire afin qu'il réponde à leurs besoins et les garde bien motivés !

L'école offre généralement un milieu de vie motivant qui répond bien aux besoins de nos enfants, des êtres curieux et actifs de nature. Si notre enfant perd tout intérêt vis-à-vis de l'école, nous devons en chercher les raisons. Plusieurs facteurs peuvent influencer son niveau de motivation et c'est à nous de prendre les moyens qu'il faut pour les cerner. Le plus important, c'est de communiquer avec lui afin de comprendre pourquoi il réagit ainsi. Une rencontre avec l'enseignant ou les intervenants scolaires peut également nous fournir des pistes supplémentaires et nous aider à trouver des solutions pour renverser la vapeur et redonner à notre jeune le goût d'apprendre et d'aller à l'école.

Comment motiver son enfant à l'école ?

Nous avons tous une grande part de responsabilité dans la motivation de nos enfants et, par le fait même, dans leur réussite scolaire. Les éléments suivants vous aideront à favoriser cette motivation.

Démontrer de l'intérêt

Intéressez-vous à ce que votre enfant fait à l'école : informez-vous sur les matières qu'il aime ou qu'il aime moins, sur son enseignant et ses camarades de classe, sur ses activités régulières ou spéciales, etc. Les enfants apprécient toujours que leurs parents manifestent de l'intérêt pour eux (avec modération, bien sûr, donc sans être constamment sur leur dos ni les harceler de questions !). On peut très bien percevoir la fierté et la motivation des jeunes qui savent que leurs parents seront présents à leur expo-science ou à la pièce de théâtre qu'ils présenteront ! Votre intérêt procure à votre enfant le sentiment d'être soutenu et valorisé, ce qui est très motivant.

S'intéresser à la vie scolaire de son enfant, c'est s'intéresser à lui !

Pour qu'un enfant aime l'école, il faut avant tout que *les parents eux-mêmes* soient motivés vis-à-vis de tout ce qui s'y rattache. La façon dont nous réagissons, par exemple, devant l'enfant qui nous remet la correspondance de l'école est très révélatrice ; des commentaires du genre « Bon ! C'est quoi ça encore... » ou « Dépose ça là, je le regarderai à un moment donné... » en disent long ! Et les enfants perçoivent très bien cette attitude peu motivante.

S'impliquer

Impliquez-vous dans les devoirs, les leçons et les travaux de votre enfant. Participez également aux réunions d'école. Plusieurs études montrent que plus les parents s'investissent dans l'éducation scolaire de leurs enfants, plus ces derniers obtiennent de bons résultats à l'école et plus ils sont motivés. Même si vous n'êtes pas directement impliqué dans les travaux scolaires de votre jeune, par exemple parce que les travaux se font à l'école ou sous la supervision d'un tuteur, informez-vous de ses progrès : cela lui démontrera votre intérêt et c'est très motivant pour lui !

Parler positivement de l'école

Pour qu'un enfant aime l'école, il faut avant tout que ses parents eux-mêmes perçoivent l'école positivement. Évitons donc de faire tout commentaire négatif à ce sujet ou qui irait dans le sens de l'insatisfaction de notre jeune : « Je te comprends, moi non plus, j'aimais pas l'école ! » ou « Moi non plus, j'étais pas bon à l'école »...

Souligner ses moindres succès et ses efforts

L'apprentissage et la motivation scolaires sont très liés à l'aspect affectif de l'élève. Les enfants ont le goût d'apprendre quand ils en retirent un gain affectif, par exemple quand ils reçoivent des félicitations et des encouragements de leurs parents (*même quand ça va moins bien !*) et qu'ils ressentent leur fierté.

Soulignez donc constamment les forces et les moindres petites réussites de votre enfant : affichez ses bons coups sur le réfrigérateur, appelez grand-maman pour lui annoncer la bonne nouvelle et parlez-en au repas familial. Il est important de souligner ainsi tout effort, chaque petite amélioration ou succès de son enfant. Dans son cœur et dans sa tête, il ressentira inévitablement un sentiment de fierté, prendra conscience de ses moyens et acquerra la conviction qu'il peut réussir, ce qui le motivera à poursuivre ses efforts.

Devenir un bon « coach » scolaire !

Les parents ne devraient-ils pas être aussi motivants envers l'école qu'ils le sont pour les sports que pratiquent leurs enfants ? On voit souvent des parents qui prennent à cœur et encouragent sans relâche leurs enfants dans les activités sportives telles que le hockey, le patinage artistique ou le soccer. Ils n'hésitent pas à faire plusieurs kilomètres pour assister à une partie ni à leur payer des camps de formation afin de les voir s'améliorer et performer. Ces parents peuvent être très convaincants, et c'est cet intérêt, cette attitude et cette motivation que nous devrions retrouver vis-à-vis de l'école. Bien que les enseignants aient un rôle important à jouer en ce qui concerne la motivation des jeunes, celui des parents est encore plus significatif puisqu'ils sont présents *année après année*. La qualité de cette présence est essentielle et demeure importante aux yeux de nos enfants !

Adopter une bonne attitude vis-à-vis des difficultés scolaires

Notre *réaction* et notre *façon d'intervenir auprès de notre enfant lorsqu'il présente de mauvaises performances* peuvent avoir de grandes répercussions sur sa motivation scolaire (présente et future). Rien ne sert de le critiquer ouvertement, d'exercer soudainement un contrôle excessif ou de le menacer en lui rappelant sans cesse les pires scénarios ou les conséquences possibles de ses difficultés. Certains parents pensent, à tort, qu'en agissant ainsi, ils pourront «fouetter» chez leur enfant le désir de corriger la situation. Il n'en est rien. Au contraire, une telle attitude *ne fait qu'empirer la situation* et ne peut qu'aboutir au résultat contraire à celui espéré; en agissant ainsi, on décourage son enfant, on le démotive encore plus, on attaque son estime de soi, on affecte sa confiance et, finalement, on risque de le détourner encore davantage de l'école. Nous devons donc éviter à tout prix les commentaires négatifs et essayer plutôt d'aider notre enfant à surmonter ses difficultés scolaires de façon constructive. (Voir «Pas toujours facile l'école! Les difficultés scolaires», à la page 65.)

Respecter ses capacités et son rythme d'apprentissage

Chaque enfant est unique et possède son propre rythme d'apprentissage. Nous devons en tenir compte et valoriser les efforts qu'il fait. Des objectifs trop élevés ou des attentes démesurées ou nettement supérieures aux capacités de notre enfant peuvent très certainement provoquer chez lui une démotivation. Si nous ne l'encourageons jamais pour ses efforts, si ses résultats ne semblent jamais assez bons pour nous, il en viendra à se demander: «À quoi bon continuer?» De plus, il est très néfaste de constamment comparer les performances d'un enfant avec celles des autres, amis, frères ou sœurs. Si ses efforts lui ont valu une note de 70 %, il devrait être félicité tout autant que sa sœur qui a eu sa note habituelle de 90 % sans trop d'embûches! Il doit en être aussi fier!

Favoriser l'estime de soi et le sentiment de compétence

L'estime de soi et la confiance en leurs capacités sont souvent déficientes chez les enfants démotivés par l'école. Ils se découragent facilement (souvent avant même d'avoir commencé), ils ont de la difficulté à percevoir leurs forces et leurs qualités, et sont parfois « insécures ». C'est d'abord nous, parents, qui avons un impact sur l'estime et la confiance de notre enfant. Tous les élèves devraient avoir une bonne perception d'eux-mêmes afin d'être heureux et de réussir à l'école, et nous, parents, pouvons fortement contribuer à développer cette confiance en soi. Il faut donc éviter de faire des commentaires désobligeants, par exemple :

« Eh que t'es lent ! »
« Mon Dieu que t'es pas une lumière ! »
« Tu comprends pas ça ? »
« C'est bien, mais t'es capable de faire mieux... »
« T'aurais pu te forcer un peu plus ! »
« Ta sœur avait des A dans son bulletin, elle. »
« Lui, il n'est pas bon à l'école... »

Le sentiment de compétence permet à l'enfant de se sentir capable de faire quelque chose, de *réussir*. C'est au cours de son apprentissage – et surtout grâce à ses réussites successives (à la maison et à l'école) – que l'enfant développe sa confiance en soi, qui est à la base de la motivation. Tout au long de son développement, notre enfant ne vivra pas seulement des réussites. Les erreurs, les difficultés, les échecs font partie intégrante de son apprentissage de la vie. Lorsque ces situations surviennent, nous devons faire preuve de prudence afin de s'assurer qu'elles ne sont pas perçues de manière négative, et tenter d'aider notre enfant à y faire face *positivement sans affecter sa confiance*. Par conséquent, il faut éviter de mal réagir ou d'avoir des exigences trop élevées. Au contraire, il est particulièrement important de l'encourager constamment, de respecter sa capacité et son rythme, de *souligner ses moindres petites réussites* pour qu'il puisse sentir qu'il est *capable* de réussir !

Utiliser les récompenses
En plus des félicitations, des encouragements, des attitudes chaleureuses et constructives de votre part, il est possible de motiver votre enfant en lui proposant une gratification immédiate pour ses efforts et

ses réussites. Les récompenses peuvent ainsi devenir une façon de stimuler sa motivation, et lui permettre de voir les bénéfices de ses efforts non seulement à long terme, mais à court terme. Ces récompenses devraient être de nature affective, si possible ; vous pourriez, par exemple, lui proposer une activité particulière qu'il souhaite faire depuis longtemps, l'emmener au cinéma ou autoriser une sortie spéciale.

Bien que cette stratégie semble toute simple, son application peut parfois se révéler délicate. Entre autres, il faut éviter que les récompenses ne deviennent les seules sources de motivation et qu'elles ne remplacent vos compliments sincères et mérités. Vos compliments et vos encouragements sont essentiels en tout temps afin d'augmenter le sentiment de bien-être de votre enfant et sa confiance en ses capacités. Il est aussi recommandé de ne pas utiliser les récompenses matérielles directes (argent, cadeau), mais plutôt de donner à votre jeune la chance de se rapprocher un peu plus de ce qu'il désire ; par exemple, il pourrait accumuler des « points » lui permettant d'aller au cinéma.

L'école, c'est évidemment plus que des cours et des notes. C'est un milieu très stimulant et bouillonnant d'énergie, d'activités, d'amitié, d'épreuves, d'acharnement, de réussites, d'échecs, d'adaptations, de confrontations, de négociations... Bref, c'est un apprentissage de la vie, pour lequel nous avons, comme parents, un rôle essentiel et déterminant à jouer. Soyons donc de bons « coachs », des motivateurs positifs et encourageants tout au long de cette belle et grande aventure scolaire !

Les psy-trucs

1. Prendre conscience que la motivation est à la base de la réussite scolaire. Les enfants sont rarement « paresseux », mais plutôt... démotivés !

2. S'intéresser à ce que son enfant fait à l'école. Pour qu'un enfant aime l'école, il faut avant tout que ses parents eux-mêmes soient motivés devant tout ce qui s'y rattache.

3. S'impliquer dans les devoirs, les leçons et les travaux de son enfant, dans les réunions scolaires et les spectacles de l'école. Plus les parents s'investissent dans l'éducation scolaire de leurs enfants, plus ces derniers obtiennent de bons résultats à l'école et sont motivés.

4. Parler positivement de l'école. Éviter tout commentaire négatif à ce sujet.

5. Féliciter son enfant pour chacune de ses réussites, si petites soient-elles. Afficher ses bons coups sur le réfrigérateur, appeler grand-maman pour lui annoncer la bonne nouvelle, parler de l'événement au repas familial...

6. Souligner tout autant les progrès et les efforts déployés. Les enfants ont le goût d'apprendre quand ils ressentent la fierté de leurs parents, reçoivent leurs félicitations et leurs encouragements, et ce, *même quand ça va moins bien !*

7. Éviter de réagir de manière négative devant les mauvais résultats de son enfant. Cela ne pourrait que le démotiver, le décourager, affecter sa confiance et le détourner encore plus de l'école.

8. Adopter une attitude constructive vis-à-vis des difficultés scolaires. Établir un plan d'action avec les intervenants de l'école, si cela est requis.

9. Éviter les objectifs trop élevés, les attentes démesurées ou nettement supérieures aux capacités de son enfant. Respecter son potentiel et son propre rythme d'apprentissage.

10. Agir comme un bon « coach » sportif : se montrer motivant et encourageant, dans la victoire comme dans la défaite !

L'influence des amis

Les questions que tout parent se pose :

* **Quelle est l'importance des amis dans la vie de mon enfant ?**
* **Comment puis-je « influencer » mon enfant dans le choix de ses amis ?**
* **Comment réagir quand un copain n'a pas une bonne influence sur mon enfant ?**
* **Puis-je interdire à mon enfant de fréquenter certains amis ?**

L'arrivée dans le monde scolaire marque une étape importante dans la vie de nos enfants. C'est un milieu de socialisation très riche, dans lequel notre influence sur eux va décroître progressivement au profit de celle des amis, et ce, pour le meilleur et pour le pire !

Quelle est l'importance des amis dans la vie de mon enfant ?

À l'âge préscolaire, la famille réussit à combler presque tous les besoins d'un enfant, ce qui fait que les amis n'ont pas une place très importante dans sa vie. Ce n'est que lorsqu'il atteint 6 ou 7 ans que cette place prend de l'ampleur pour répondre à son besoin grandissant de socialiser et de se comparer. L'enfant choisit alors ses copains progressivement, selon sa personnalité, ses intérêts (loisirs, sports, musique, vêtements, etc.) et ses compatibilités. Il a ainsi tendance à aller vers des jeunes qui lui ressemblent, qui sont du même sexe, vers lesquels il peut se tourner pour combler ses désirs de s'affirmer, de se valoriser et de s'identifier. Les amis deviendront très importants dans sa vie et l'influence qu'ils auront sur lui entrera progressivement « en concurrence » avec celle des parents.

L'amitié constitue une première introduction de nos enfants dans la vie sociale. Les amis leur permettent d'apprendre à collaborer, à partager, à résoudre des problèmes et à tenir compte du point de vue des autres. Grâce aux amis ou à l'influence du groupe, les enfants se sentent « plus forts » ; ils sont motivés à surmonter leurs faiblesses et peuvent s'adapter plus facilement aux diverses situations nouvelles qui se présentent, des situations qu'ils n'oseraient peut-être même pas affronter tout seuls.

C'est l'aspect *identité* qui prend le plus d'importance dans les relations d'amitié d'un enfant. Les amis deviennent en quelque sorte des « doubles » qu'il idéalise et dans lesquels il se regarde, se compare. Ils répondent également à son *besoin d'appartenance* à un groupe, un besoin qui augmente avec l'âge et atteint son apogée à l'adolescence. Au contact de ses amis, notre enfant apprend à se situer par rapport à eux, à confronter ses idées et ses opinions aux leurs, à argumenter, à s'affirmer et à gérer des conflits. Ce processus lui permet de prendre de l'assurance et de bâtir progressivement sa propre personnalité.

Les frères et sœurs ne sont pas des amis !

Il est important que votre enfant puisse se lier d'amitié avec des camarades à l'école ou lors des activités parascolaires (sports, loisirs, etc.). Il ne faut surtout pas croire qu'un enfant qui a plusieurs frères et sœurs peut se passer d'amis. La relation amicale est très différente de la relation fraternelle, et votre enfant a besoin de s'identifier et de se comparer avec des amis de son âge.

Mon enfant n'a pas d'amis !

Certains enfants éprouvent de la difficulté à se faire des amis et souffrent énormément de cette situation. Il ne s'agit pas d'avoir tout plein de copains : pour un enfant plutôt réservé, introverti ou timide, un ou deux amis peuvent être suffisants. Mais lorsqu'un enfant n'a aucun ami et se retrouve toujours seul dans la cour d'école, cela peut présenter un problème pour son équilibre et son développement personnel; cette situation peut parfois aussi entraîner des difficultés scolaires puisque les amis constituent une des premières sources d'intérêt et de motivation à aller à l'école.

L'enfant solitaire a souvent une image négative de lui-même et le fait qu'il n'a pas d'amis peut signaler qu'il est victime de rejet. Si le problème persiste, il faut s'en inquiéter et essayer de trouver la cause pour intervenir. Parfois, l'intervention d'un professionnel peut être d'une grande utilité: il peut aider l'enfant à surmonter ses difficultés sociales et à trouver des solutions. (Voir «Mon enfant n'a pas d'amis! La socialisation», à la page 137).

Mon ami fidèle!

Certains enfants ne ressentent pas nécessairement le besoin de s'identifier à un groupe et ont plutôt tendance à développer des liens d'amitié avec un seul ami, auquel une forme «d'exclusivité» sera assurée. Dans certains cas, la fidélité peut prendre une tournure exagérée et s'avérer délicate, voire malsaine. Lorsque la relation oblige chacun à fonctionner en paire uniquement, à rejeter les autres amis qui voudraient «s'immiscer» ou lorsque celle-ci impose de toujours se conformer aux désirs ou à l'idée de l'autre, au point de s'oublier, alors on peut parler d'une amitié égoïste et malsaine.

Il est important de faire comprendre à son enfant qu'on peut être amis et ne pas être d'accord, que l'amitié n'exclut pas les différences, les conflits et qu'elle ne requiert pas d'exclusivité...

Comment puis-je «influencer» mon enfant dans le choix de ses amis?

En vieillissant, nos enfants passent de plus en plus de temps avec leurs amis; c'est ce qui leur permet de poursuivre leur apprentissage de la socialisation, tout en consolidant leur propre identité. Cet apprentissage nécessite évidemment une supervision de notre part afin de guider nos petits dans l'établissement des critères de sélection d'un ami. Il est évident qu'on ne peut pas forcer l'amitié et qu'il n'est pas souhaitable de «choisir» les amis de nos enfants. Il faut les laisser construire leur vie sociale à leur manière et selon leurs affinités. Cependant, notre devoir de protection en tant que parents nous incite à garder un œil ouvert et nous permet même d'exercer une certaine «influence» sur la façon dont ils vivent leurs amitiés!

Sans nous mêler directement de leurs choix d'amis, nous devons tout de même veiller à l'équilibre de leurs relations afin qu'ils ne subissent pas de mauvaise influence, qu'ils ne soient pas soumis ou victimes, etc. Voici quelques suggestions:

* Encouragez votre enfant à inviter ses amis à la maison, pour que vous soyez en mesure de les connaître, de les observer et de vous faire une opinion juste sur eux;

* Offrez régulièrement à votre enfant et à ses amis de les reconduire. Cela vous permettra de jaser avec eux en chemin et ainsi d'apprendre à les connaître;

* Intéressez-vous aux amis de votre enfant. Informez-vous sur eux, leurs activités, ce qu'ils font ensemble à la récréation, dans la cour d'école, etc. Discutez-en aux repas;

* Tentez de faire en sorte que votre enfant ait toujours des amis de son groupe d'âge. Les amis plus vieux ont des permissions et des comportements qui ne sont peut-être pas encore adéquats pour votre jeune;

* Guidez votre enfant vers des activités où il pourra rencontrer des jeunes qui ont les mêmes intérêts que lui;

* Parlez de vos valeurs avec votre enfant. Lorsque les parents disent clairement (et ce, dès la petite enfance) ce qui est acceptable ou pas pour eux, cela permet à leur enfant de choisir, plus facilement et tout naturellement, des amis qui correspondent à ces mêmes valeurs. Un enfant habitué à être poli ou pacifique aura naturellement tendance à rejeter les amis qui manifestent des gestes d'impolitesse ou d'agressivité;

✻ Mentionnez à votre jeune, lorsqu'il vous parle d'un ami, ce que vous aimez chez ce dernier et ce que vous trouvez moins intéressant afin qu'il puisse se faire progressivement une idée du genre d'amis que vous souhaitez pour lui.

Comment réagir quand un copain n'a pas une bonne influence sur mon enfant?

Au fur et à mesure que les enfants vieillissent, l'importance et l'influence des amis augmentent. Coiffure, vêtements, musique, activités sont progressivement adaptés à ceux des copains qu'ils fréquentent ou choisis en fonction de ces derniers. Pour montrer leur *appartenance au groupe*, certains jeunes vont se laisser influencer et vont prendre certaines décisions, courir des risques ou adopter de nouveaux comportements dans le seul but de s'intégrer au groupe ou de conserver leurs amitiés. *C'est tout à fait normal* puisqu'ils expérimentent ainsi leurs limites et peuvent, par le fait même, s'adapter, voir ce qui leur convient ou pas et, graduellement, bâtir leur propre identité.

Il est possible que notre enfant fréquente un ami dont les comportements et les valeurs ne correspondent pas à ceux que nous désirons lui inculquer ou qui ne sont pas tolérés à la maison (enfant impoli, qui dit de «gros mots», qui a un comportement agressif, etc.). Notre enfant peut essayer de le copier *dans le seul but d'entretenir cette amitié*. C'est une réaction normale, mais cette attitude peut très certainement nous inquiéter comme parents.

Comment doit-on réagir dans de tels cas? Il faut agir avec tact. Une chose est sûre: il peut être irréaliste d'interdire systématiquement à notre enfant de voir ce copain, puisqu'ils vont probablement se côtoyer à l'école. L'important, c'est de bien lui expliquer la situation, de mentionner les comportements que nous jugeons inacceptables chez son ami et de lui rappeler les valeurs familiales que nous avons toujours prônées. Une telle intervention, faite dans le calme et le respect, sera peut-être suffisante pour qu'il rappelle son ami à l'ordre lorsqu'il aura des comportements fautifs, ou pour qu'il s'en éloigne et mette fin lui-même à cette amitié.

Si votre enfant fréquente un ami dont vous n'approuvez pas les comportements, voici quelques suggestions:

* Discutez des *comportements* reprochés avec votre enfant et rappelez-lui les valeurs que vous prônez ;
* Prêtez attention aux critiques ! Si vous n'êtes pas d'accord avec certains comportements d'un ami, n'hésitez pas à le dire à votre enfant, mais assurez-vous de mettre l'accent sur le comportement, et non sur la personne. Les enfants sont sensibles à la critique de leurs amis et aux commentaires tels que : « Je n'aime pas ton ami Philippe », « Mélanie n'est pas une bonne amie pour toi ».
* Faites appel à son jugement : il sera peut-être plus enclin à s'éloigner de cet ami et à mettre fin lui-même à leur relation ;
* Laissez passer le temps : les amitiés à cet âge sont souvent brèves, surtout lorsque l'enfant est conscient qu'il y a un « problème ». Les enfants finissent souvent par s'apercevoir que certains amis ne leur conviennent pas ;
* Limitez l'accès à cet ami (les visites chez lui, les invitations à venir à la maison...) en expliquant bien pourquoi à votre enfant.

Puis-je interdire à mon enfant de fréquenter certains amis ?

Si, malgré tout, votre enfant persiste à fréquenter cet ami, que pouvez-vous faire ? Il est délicat de lui interdire systématiquement de fréquenter un copain et il faut très certainement le faire avec tact et le plus calmement possible. Si vous appliquez cette directive de façon trop brusque ou autoritaire, cela risque d'engendrer chez votre enfant un sentiment d'injustice et de colère, ce qui l'amènera à s'opposer à vous pour maintenir coûte que coûte cette amitié. Vous pouvez tout de même lui interdire d'aller chez cet ami et de le recevoir à la maison, en prenant soin de bien lui expliquer les raisons qui vous poussent à agir de la sorte : « Je ne veux plus que tu reçoives ou que tu visites Jimmy parce qu'il t'incite à être impoli... » Dans les cas plus inquiétants, il serait préférable de vérifier avec le personnel de l'école comment la situation se présente en classe et de demander à l'enseignant d'intervenir, au besoin.

Évidemment, ces situations ne sont guère intéressantes, tant pour les parents que pour les enfants, mais si les valeurs ont été prônées, communiquées et intégrées harmonieusement dans la vie familiale, le jeune réalisera très rapidement que c'est pour son bien et, éventuellement, saura l'accepter.

Les psy-trucs

1. Prendre conscience que les amis sont essentiels. C'est à travers eux que l'enfant forge son identité et comble son besoin d'appartenance à un groupe.
2. Éviter de choisir les amis de son enfant. Il doit construire ses propres amitiés, à sa manière et selon ses affinités. Ses « expérimentations » lui permettront de façonner sa propre identité.
3. Encourager son enfant à inviter ses amis à la maison, pour être en mesure de les connaître, de les observer et de se faire une opinion juste sur eux.
4. Favoriser des amis de son âge.
5. Parler des valeurs acceptées à la maison et des comportements qui sont admissibles ou pas. Cela permet à l'enfant de choisir, plus facilement et tout naturellement, des amis qui correspondent à ces valeurs et à ces comportements.
6. Faire attention aux critiques ! En cas de désaccord avec certains comportements d'un ami, ne pas hésiter à en parler à son enfant, mais mettre l'accent sur les comportements, et non sur la personne.
7. Discuter avec son enfant des comportements reprochés et lui rappeler les valeurs prônées dans la famille. Il décidera peut-être de lui-même de s'éloigner de cet ami et de mettre fin à leur relation.

C'est l'heure des devoirs !

Les questions que tout parent se pose :

* Quelle est l'importance des devoirs et des leçons ?
* Quel est le rôle des parents ?
* Comment rendre la période des devoirs intéressante et stimulante ?
* Est-ce que chaque enfant a sa façon d'apprendre ?
* Que faire quand mon enfant refuse de faire ses devoirs ou lorsque ça tourne au cauchemar ?

Dans toutes les familles, il y a des sources de tension récurrentes : l'utilisation de la salle de bain, l'heure du coucher, la préparation familiale le matin... Pour plusieurs, la période des devoirs et des leçons fait partie de cette catégorie. Le scénario suivant vous est peut-être familier : alors que Joël fait tout pour éviter de s'asseoir devant cahiers et crayons et que son attention est constamment détournée par la moindre distraction, Caroline, sa mère, prend son courage à deux mains et, surtout, le peu d'énergie qu'il lui reste, pour le motiver et le guider adéquatement dans cette « corvée » des devoirs. Et certains soirs, cela tourne en véritable cauchemar !

Quelle est l'importance des devoirs et des leçons ?

Les devoirs permettent à l'élève d'exercer les habiletés qu'il a acquises à l'école durant la journée ou dans les jours précédents. Les leçons, elles, l'amènent plutôt à mémoriser ou à consolider de nouvelles connaissances qu'il utilisera par la suite (tables de multiplication, règles de grammaire, orthographe, etc.).

La période des devoirs et des leçons est donc très importante. En fait, elle procure des bienfaits sur plusieurs plans :

* Permet à l'enfant d'intégrer les notions enseignées en classe ;
* Permet à l'enseignant de suivre les progrès de chaque élève. Grâce aux erreurs qu'il repère dans les devoirs et aux difficultés qu'il perçoit, l'enseignant peut vérifier si la matière a été bien assimilée ou si des explications supplémentaires sont requises ;
* Amène l'enfant à développer une méthode de travail qui lui sera bénéfique tout au long de sa vie ;
* Permet aux parents de se tenir au courant de ce qui touche l'école, de suivre le travail et l'évolution scolaire de leur enfant. C'est d'ailleurs souvent le seul lien tangible qui existe entre eux et l'école ;
* Représente souvent un moment de partage privilégié : l'enfant a alors l'occasion de parler un peu plus de son école, de ses préoccupations, de sa relation avec son « prof », avec ses amis, etc. Bref, c'est un moment propice aux confidences et au maintien d'une bonne communication entre parents et enfant ;
* Amène l'enfant à développer son sens des responsabilités, et à respecter les délais et les engagements liés aux devoirs ;
* Permet à l'enfant de développer son sens de l'organisation (du temps, notamment) et son autonomie.

Bref, les leçons et les devoirs favorisent pleinement l'apprentissage de nos enfants, et ce, bien au-delà de l'aspect scolaire.

Trop de temps aux devoirs ?

Pour que la période des devoirs et des leçons soit la plus efficace possible, il faut contrôler sa durée. Si l'enfant y accorde trop de temps chaque soir, cela risque d'affecter sa motivation et son intérêt, tout en empiétant sur la vie familiale, qui risque de prendre un sérieux coup. La maison ne doit pas devenir pour lui une « seconde école » !

En général, on peut utiliser la règle suivante pour déterminer la durée moyenne des devoirs et des leçons : 10 minutes par jour, multipliées par le niveau scolaire de l'enfant. Une période minimale de 20 minutes est cependant conseillée.

Ce temps peut évidemment varier selon les jours et les limites de l'enfant, mais il est important qu'il demeure agréable. Si vous vous rendez compte que votre enfant n'a plus la capacité ni la concentration requise pour poursuivre et que la situation risque de tourner au vinaigre, mieux vaut prendre une pause ou remettre le tout au lendemain.

Cette période vous semble anormalement longue ou l'ampleur des travaux à faire vous paraît exagérée? N'hésitez pas à en parler à l'enseignant. Ce «surplus» est peut-être attribuable au fait que votre enfant éprouve certaines difficultés d'apprentissage et a besoin d'une aide particulière ou qu'il perd son temps en classe et doit compenser son retard par des devoirs à la maison.

Quel est le rôle des parents?

Parce qu'ils se sentent concernés par la réussite et le bien-être de leur enfant, bien des parents prennent le contrôle de sa vie scolaire et de la période des devoirs. Ils s'approprient volontairement le rôle d'enseignant, qu'ils peuvent facilement transformer en véritable gendarme! D'autres choisissent de limiter leur implication, mais se demandent souvent s'ils offrent le bon dosage. Enfin, certains évitent tout simplement d'intervenir et laissent leur enfant se débrouiller seul. Comment trouver le juste milieu? Quel est notre rôle et jusqu'à quel point devrions-nous intervenir comme parents dans les devoirs de nos jeunes?

Ne pas jouer à l'enseignant

Après leur journée de travail, bien des parents (remplis de bonnes intentions) se retroussent les manches et s'attaquent, le plus sérieusement du monde, à leur second mandat: jouer au prof! Voilà une erreur très commune! Or le rôle du parent durant les leçons et les devoirs consiste plutôt *à guider et à soutenir l'enfant*, pas à lui enseigner.

L'école a bien changé depuis notre passage, et nous devons être conscients que les programmes et les méthodes d'apprentissage ont été profondément modifiés. Comme les parents qui s'improvisent enseignants n'utilisent pas nécessairement les mêmes méthodes que l'école actuelle, ils risquent de semer la confusion chez leur enfant (qui ne s'y retrouvera plus) et même de lui nuire.

D'autres parents, et ils sont nombreux, se sentent impuissants quand vient le temps des devoirs ; ils affirment éprouver de la difficulté à épauler adéquatement leur enfant ou ne pas avoir les connaissances requises pour l'aider dans ses travaux. Raison de plus pour concentrer ou limiter leurs efforts à superviser, à guider et à encourager. Au besoin, il ne faut pas hésiter à remettre le devoir au lendemain de façon à permettre à son enfant de poser des questions et d'obtenir plus d'informations de la part de l'enseignant.

Ne pas tout faire à sa place
Parce que nous désirons ardemment contribuer à la réussite scolaire de nos enfants, nous avons parfois tendance à en mettre un peu trop et à vouloir tout faire à leur place (leur dicter les réponses aux questions, effectuer les recherches pour eux, etc.). Le psychoéducateur et orthopédagogue Germain Duclos rapportait à cet effet l'exemple d'un enfant qui, lors de son témoignage sur le déroulement de la période des devoirs, résumait la situation ainsi : « Je fais juste aider ma mère à faire mes devoirs ! » Voilà une phrase qui illustre très bien ce qu'il faut éviter à tout prix ! Une telle attitude n'aide certainement pas l'enfant à acquérir l'autonomie si essentielle à son développement !

Offrir une saine supervision
Autre comportement à éviter : laisser son enfant se débrouiller seul. À cet âge (6-9 ans), l'enfant a besoin d'un minimum de supervision et de directives afin de *pouvoir développer son sens de l'organisation, et d'acquérir des trucs et des méthodes de travail*. Certains enfants ont plus de difficulté que d'autres à s'organiser ou à faire face aux responsabilités liées aux devoirs

et aux leçons. Les parents doivent en être conscients, faire preuve de patience et, par leur supervision, leur enseigner comment y arriver.

Par exemple, lorsque votre enfant affirme ne pas comprendre une consigne, pour le guider, encouragez-le à relire la question ou demandez-lui de la reformuler dans ses mots (même s'il affirme n'avoir rien compris): «Selon toi, qu'est-ce qui est demandé?» Cette façon d'agir l'amènera à faire un cheminement intellectuel intéressant et, surtout, à ne pas faire appel à vous à la moindre embûche!

Développer son autonomie

Superviser ne veut pas dire rester assis à côté de son enfant tout au long des devoirs et le suivre pas à pas! Il est important d'appliquer le dosage adéquat afin de stimuler son *autonomie*. Pour éviter que votre enfant compte sur votre présence constante, offrez-lui votre appui seulement lorsqu'il en a besoin et n'hésitez pas à vaquer à d'autres occupations pendant qu'il travaille.

Adaptez votre niveau de supervision en fonction de l'âge de votre enfant: s'il a 6 ou 7 ans, votre supervision sera plutôt directe (avec aide, lecture des consignes et explications supplémentaires, au besoin), et diminuera graduellement à mesure qu'il vieillira; ainsi, lorsqu'il aura 9 ou 10 ans, elle consistera principalement à vérifier le travail fait et à soutenir votre enfant dans sa démarche ou à l'aider *à sa demande*. Votre enfant apprendra donc peu à peu à travailler sans votre supervision directe et constante. Il deviendra progressivement autonome en ce qui concerne ses devoirs qui, rappelons-le, ne cesseront d'augmenter d'année en année!

Soutenir et encourager son enfant

Une des meilleures façons de contribuer efficacement à la réussite scolaire de son enfant est d'adopter une attitude positive et de l'encourager dans sa démarche. Le simple fait que vous soyez disponible et positif lors de la période des devoirs et des leçons démontrera à votre enfant que vous vous intéressez à son vécu scolaire. Cela augmentera sa confiance en soi et sa motivation. Si ses travaux sont réalisés à l'école ou sous la supervision d'un autre adulte, prenez le temps (le soir ou les week-ends) de revenir rapidement sur ce qui a été fait et encouragez-le. Cela lui montrera que vous prêtez attention à sa vie scolaire.

Agissez tel un bon coach et soulignez ses efforts. Devant des phrases comme «Je suis pas capable!», encouragez-le à persévérer et soutenez-le dans cet apprentissage de l'effort (voir «Comment donner le goût de l'effort à son enfant? La persévérance», à la page 105). Surtout, évitez de le dénigrer en raison de ses difficultés: «Comment ça tu comprends pas?» Félicitez-le chaque fois qu'il a bien travaillé, qu'il a réussi à *faire les efforts requis*, il n'en sera que plus fier!

Comment rendre cette période intéressante et stimulante?

Tous les soirs, c'est la même chose: vous devez le supplier, le motiver, lui rappeler plusieurs fois de faire ses devoirs? C'est devenu un fardeau ou une période difficile à gérer et à intégrer à votre horaire déjà très chargé? Si c'est le cas, il vaudrait mieux reconsidérer votre façon d'aborder la situation. Notre rôle en tant que parents est d'encadrer la période des devoirs et des leçons de manière à créer un environnement adéquat et une ambiance sereine, tout en favorisant la concentration.

Voici quelques stratégies utiles pour fournir à votre enfant un bon encadrement et un climat harmonieux.

Créer un environnement propice

Il est important de favoriser un environnement de travail propice aux devoirs. Les mesures suivantes vous y aideront.

* Éloignez de votre enfant tout élément qui pourrait le distraire: télévision, musique, ordinateur, etc. D'ailleurs, il n'est certainement pas recommandé de faire ses devoirs et ses leçons devant la télévision ou en clavardant avec ses amis!
* Habituez votre enfant à prendre quelques respirations profondes et à se relaxer un peu avant d'entamer la période des travaux scolaires. Cela le calmera et oxygénera son petit cerveau!

* Assurez-vous que la pièce où il travaille est silencieuse afin de maximiser sa concentration. Toutefois, plusieurs enfants, tout particulièrement ceux qui sont âgés de 6 à 9 ans, peuvent éprouver de la difficulté à faire leurs devoirs s'ils sont seuls dans une pièce : certains tombent facilement dans la lune, alors que d'autres se sentent isolés, préoccupés et ont hâte de revenir auprès des autres membres de la famille. Dans ces cas, il est préférable d'installer l'enfant à la table de cuisine ou au salon, près de vous, en minimisant toute distraction. Les jeunes âgés de 10 à 17 ans peuvent travailler dans leur chambre s'ils le désirent, mais, bien sûr, sans élément de distraction.

* Fournissez à votre enfant une surface de travail suffisamment grande pour qu'il puisse y placer tout son matériel et se sentir à l'aise, sinon il ne sera guère disposé à demeurer en place longtemps.

* Veillez à ce qu'il ait un éclairage suffisant et tout le matériel nécessaire à portée de main (crayons, gomme à effacer, règle, cahiers, etc.).

* Restez tolérant devant son besoin de bouger ou de se lever à quelques reprises, surtout à cet âge (c'est peut-être plus fréquent chez les garçons).

* Réservez un espace de rangement au matériel scolaire, par exemple un tiroir pouvant contenir crayons, gomme à effacer, feuilles volantes, taille-crayon...

Un enfant qui bénéficie d'un bon environnement de travail pour faire ses devoirs et ses leçons a plus de chances de réussir ; du moins, il a autour de lui toutes les conditions requises pour favoriser sa concentration et sa motivation.

Établir une routine des devoirs
Il est très judicieux de prévoir un horaire précis et régulier pour les devoirs et les leçons. Tout en tenant compte de vos propres disponibilités, essayez

de déterminer le moment où la concentration de votre enfant est à son maximum : pour certains, c'est au retour de l'école (avant le repas) ; pour d'autres, c'est après avoir « fait le vide » grâce à une activité différente (sport, jeux... surtout chez les garçons) ; pour d'autres encore, c'est après avoir pris un bon bain. Toutefois, ne placez pas cette période trop tard dans la soirée, sinon votre cher petit chérubin risque d'éprouver des problèmes de concentration et de vouloir se laisser aller dans les bras de Morphée!

Le fait de fixer une période précise vous permettra d'*éviter les longues négociations* puisque votre enfant saura à quoi s'attendre. Cet horaire deviendra une routine intégrée dans sa vie, et les routines sont toujours sécurisantes pour les enfants.

Quand vous établissez cet horaire, tenez compte également de la notion de *durée* des devoirs et des leçons, surtout si vous sentez que votre enfant s'empresse de terminer pour aller regarder la télé ou jouer à l'ordinateur. En ayant établi à l'avance la période et la durée des devoirs (entre 18 h et 18 h 30, par exemple), vous lui faites comprendre que rien ne sert de précipiter les choses : il ne pourra pas vaquer à ses autres activités avant que ces 30 minutes soient écoulées.

Adopter une attitude calme et positive

Le temps des devoirs s'apparente trop souvent à une corvée pour les parents. Si c'est votre cas, soyez assuré que votre enfant le ressentira. Pour qu'un jeune prenne conscience que ses travaux sont nécessaires et qu'il demeure motivé, il faut que ses parents soient eux-mêmes convaincus de leur importance. Il est donc essentiel d'adopter une attitude positive. Voici quelques conseils à ce propos :

* ✳ Soulignez régulièrement tous ses petits efforts ;
* ✳ Ne critiquez pas ouvertement la quantité des devoirs ou des leçons ;
* ✳ Restez détendu et créatif quand ça va moins bien. Utilisez l'humour pour désamorcer la situation et pour encourager votre enfant. Surtout, évitez de vous énerver lorsqu'il résiste, se trompe ou veut abandonner ;

✳ N'hésitez pas à avoir recours à des jeux lors des devoirs et des leçons; par exemple, vous pouvez lancer de petits défis à votre bambin, utiliser des cartes de pointage (pour les tables de multiplication, entre autres) ou un jeu de cartes. Comme les enfants aiment étudier en jouant, ces méthodes rendront la période d'étude plus agréable;

✳ Favorisez les leçons et les devoirs pendant la fin de semaine. L'enfant (tout comme ses parents!) est plus reposé et réceptif à ce moment-là, car il ne vit pas le stress quotidien de la semaine;

✳ Contrôlez la durée des devoirs et des leçons; une période trop longue risque de donner à votre enfant l'impression que l'école ne le quitte jamais!

Bref, adoptez une attitude qui permet à votre enfant d'associer les devoirs et les leçons, non pas à une source de conflits ou à une corvée systématique, mais à une activité nécessaire qui peut être agréable malgré tout, une activité pédagogique qu'il aura envie de partager avec vous.

Est-ce que chaque enfant a sa façon d'apprendre?

Il est prouvé que les enfants n'apprennent pas tous de la même manière. Voilà pourquoi il existe plusieurs méthodes d'apprentissage; certaines d'entre elles seront plus efficaces que d'autres pour votre enfant, selon son profil d'apprenant. Voici les quatre principales méthodes.

- **L'apprentissage visuel.** Certains enfants apprennent mieux en visualisant les concepts à mémoriser et en se servant d'images. Les activités suivantes permettront d'agrémenter leurs travaux:
  ✳ Utiliser un bol de mots, des cartes imagées de mots;
  ✳ Demander à l'enfant d'écrire les mots difficiles au moins trois fois;
  ✳ Employer des dés pour lui apprendre les additions, les soustractions et les multiplications;
  ✳ L'inciter à écrire ses tables de multiplication.

Ces façons de faire permettent aux enfants de mémoriser les différents éléments en «prenant une photo» dans leur tête.

- **L'apprentissage auditif.** Bien des enfants font partie de cette catégorie. Généralement, ils ont plus de facilité à apprendre lorsque les concepts sont associés à des sons. Les suggestions suivantes sont particulièrement efficaces dans leur cas :
  * Faire une dictée ;
  * Étudier à haute voix.

- **L'apprentissage rythmique.** Certains enfants apprennent mieux en introduisant un rythme dans leurs leçons, par exemple en chantant leurs règles de grammaire...

- **L'apprentissage kinesthésique.** Les enfants que l'on dit «kinesthésiques» apprennent mieux lorsqu'ils peuvent toucher, manipuler des objets ou bouger. Les activités suivantes sont tout indiquées pour eux :
  * Apprendre les tables de multiplication avec des cartes ;
  * Compter et additionner à l'aide de boutons ou de raisins secs ;
  * Écrire des mots dans la poudre pour gelée (de type «Jello») ou dans la farine ;
  * Tracer des mots dans le dos d'une personne.

Que faire quand mon enfant refuse de faire ses devoirs ou lorsque ça tourne au cauchemar ?

Les devoirs à la maison constituent trop souvent une source de tension qui se transforme parfois en véritable cauchemar, avec reproches, pleurs, disputes... Certains enfants refusent carrément de faire leurs devoirs ou inventent mille et une excuses pour éviter cette tâche.

Quand l'enfant refuse de faire ses devoirs

Certains enfants refusent de faire leurs devoirs : chaque soir, ils affrontent leurs parents, prétendent les avoir faits à l'école ou affirment ne pas en avoir, tout simplement. D'autres manquent de motivation et ne fournissent qu'un minimum d'effort dans leur travail. Ils sont parfois expéditifs et apportent peu de soin à leurs travaux ou même les bâclent carrément. Dans tous ces cas, il est clair que le rôle des parents est de les ramener à l'ordre et de leur faire comprendre que la période des devoirs et des leçons n'est pas négociable ni facultative. Ils doivent aussi faire un suivi plus serré et vérifier si leurs jeunes ont fait au complet tout ce qui a été demandé par l'enseignant.

Toutefois, il est inutile de se fâcher contre un enfant qui refuse de faire ses devoirs ou de le punir. Il ne comprend probablement pas les avantages de faire ses travaux quotidiennement. Il faut donc lui expliquer, le sensibiliser à l'importance de s'acquitter de ses tâches, bref le responsabiliser. C'est un mandat très exigeant, j'en conviens, mais seule la persévérance saura le convaincre.

Voici quelques conseils pour gérer ce genre de situation :

* Faites comprendre à votre enfant que la réalisation des devoirs et des leçons n'est pas négociable ;
* Expliquez-lui clairement comment les devoirs doivent être faits et spécifiez que les travaux bâclés ne seront pas tolérés ;
* Établissez une durée minimale pour la période des travaux afin d'enlever à votre enfant la tentation de faire ses devoirs à toute vitesse ;
* Offrez-lui, de temps en temps, des récompenses ou des privilèges (qui le touchent sur le plan affectif) afin de le motiver et pour qu'il puisse associer les devoirs à quelque chose de positif (ou de moins négatif !!). (Voir « Comment motiver son enfant à l'école ? », à la page 23.) ;
* Consultez son enseignant si la situation persiste. Ensemble, vous pourrez convenir d'un plan d'action pour motiver votre enfant (par exemple, de la récupération supervisée après l'école).

Si votre enfant rebute à faire ses devoirs, vous devez agir ! Non seulement son attitude peut-elle nuire à ses apprentissages maintenant, mais elle risque aussi de lui faire un grand tort dans le futur.

Quand les choses tournent mal !

Votre enfant a un immense talent pour transformer ses devoirs en véritables corvées et siphonner toute l'énergie qu'il vous reste ? Vous perdez parfois patience et la situation tourne alors inévitablement en confrontation, avec reproches, disputes et même pleurs ? Eh bien, vous n'êtes pas seul : c'est malheureusement le lot de bien des parents, qui se sentent souvent exaspérés, voire découragés.

Si ce conflit entourant les devoirs n'est pas coutume, vous êtes peut-être simplement victime de la fatigue du jour ou d'un énervement passager. Mieux vaut alors ne pas insister et tout arrêter, quitte à reprendre le tout plus tard ou à demander à l'autre parent de prendre la relève, et ce, *avant de vous énerver ou de laisser monter la tension à un point critique*. En revanche, si la période des devoirs et des leçons tourne presque toujours en conflit, il est alors fortement recommandé de prendre un certain recul et de revoir votre façon d'aborder la situation.

Dans tous les cas, il faut retenir ceci : *lorsqu'on laisse la situation dégénérer, elle ne peut qu'empirer*. En laissant les choses aller, on aboutit au résultat contraire à celui espéré : on décourage l'enfant, on le démotive encore plus, on attaque son estime de soi.

En tant que parents, nous devons réaliser que le climat affectif que nous entretenons avec notre enfant pendant la période des devoirs et des leçons est essentiel : il a un effet direct sur sa perception de l'école et, éventuellement, sur sa volonté de réussir. Qui plus est, la relation affective que nous établissons avec notre enfant constitue sa plus grande richesse. L'amour et l'attachement que nous lui démontrons sont ce qui lui tient le plus à cœur. *Lorsque la période des devoirs et des leçons devient une source de tensions et de conflits si importants qu'ils minent cette relation, mieux vaut réévaluer notre approche.* Il ne faut surtout pas que cette période devienne destructive.

Par conséquent, le meilleur service que nous puissions rendre à notre enfant est de préserver son plaisir d'apprendre en nous assurant que la période des travaux constitue une source de complicité et demeure un moment agréable, chaleureux, bref une activité que notre enfant aura envie de partager avec nous.

Voici quelques suggestions pour préserver un bon climat affectif pendant la période des devoirs :

* Lorsque la tension monte, évitez de laisser exploser votre colère devant l'enfant. Il est préférable de prendre ses distances, quitte à revenir aux devoirs plus tard ;
* Quand ça va moins bien, faites preuve de créativité et utilisez l'humour pour encourager votre enfant et pour désamorcer la situation. Surtout, évitez de vous énerver lorsqu'il résiste, se trompe ou veut abandonner ;
* Ne soyez pas trop exigeant envers votre enfant. Entretenez des attentes à la hauteur de ses capacités. Les garçons, par exemple, ont tendance à moins soigner leur calligraphie que les filles. Ainsi, il est préférable d'encourager votre enfant pour les efforts qu'il a faits que de vouloir à tout prix des travaux impeccables ;
* Soulignez régulièrement tous ses petits efforts et mettez l'accent sur ses forces. C'est bon pour son estime de soi ;
* Évitez de faire des commentaires négatifs si votre enfant éprouve des difficultés scolaires car vos paroles peuvent le démotiver ;
* Respectez son rythme d'apprentissage. En mettant sur lui une trop grande pression, vous risquez d'augmenter son stress. S'il semble prendre trop de temps à faire ses devoirs, signalez-lui les moments où il perd du temps (sans le blâmer) ou essayez de cerner ce qui le déconcentre ;
* Évitez de comparer votre enfant avec une sœur plus douée ou un frère mieux organisé. Cela ne peut qu'affecter son estime de soi. Il faut reconnaître ses efforts et *apprécier ses résultats selon les critères et les attentes qui lui sont propres.*

Mon enfant souffre-t-il d'un déficit de l'attention ou d'hyperactivité ?

Quand les difficultés aux devoirs persistent, il est recommandé de faire appel à des ressources spécialisées (orthophoniste, psychologue, orthopédagogue) et, s'il y a lieu, de vérifier si l'enfant présente des difficultés d'apprentissage ou souffre de TDAH (trouble de déficit de l'attention avec ou sans hyperactivité). (Voir « Le déficit de l'attention et l'hyperactivité ? », à la page 117.)

De l'aide d'une tierce personne

Si les conflits sont systématiques et que vous n'avez pas vraiment de temps à consacrer à la période des devoirs, ni la patience ou l'énergie qu'il faut, il est préférable de déléguer cette tâche à une tierce personne (autre parent, tuteur, etc.) ou de consulter l'enseignant afin de trouver une solution de remplacement (inscription à l'aide aux devoirs, périodes d'étude supervisées à l'école, etc.). Il ne s'agit pas de vous désengager (puisque vous pourrez suivre son travail), mais plutôt de trouver une solution pour que la situation soit la plus harmonieuse possible, pour le bien de votre enfant.

Assurer une supervision saine qui favorise l'autonomie de notre enfant, fournir un environnement approprié et veiller à ce que la période des travaux scolaires se déroule le plus sereinement possible, voilà notre devoir en tant que parents !

Les psy-trucs

1. Éviter de jouer à l'enseignant ou de tout faire à la place de l'enfant. Se limiter au rôle de parent : superviser, guider et soutenir son enfant pour qu'il puisse développer son autonomie.

2. Établir une routine pour les devoirs et les leçons : déterminer le moment de la journée et la durée (cela permet d'éviter les perpétuelles négociations). Le moment et la durée doivent être fixes et constants.

3. Favoriser les leçons et les devoirs la fin de semaine (enfant et parents sont tous plus reposés, patients et réceptifs).

4. Veiller à ce que la période des travaux scolaires ne soit pas trop longue, afin d'éviter que l'enfant ait l'impression que l'école ne le quitte jamais !

5. Créer un environnement propice aux devoirs : aucune distraction ; surface de travail et éclairage adéquats. Surtout pas de devoirs devant la télévision !

6. Démontrer une attitude positive vis-à-vis de l'école (ne jamais parler négativement de l'école, des devoirs, etc.).

7. Ne pas hésiter à avoir recours aux jeux.

8. Quand ça va moins bien, demeurer « zen ». Utiliser l'humour pour encourager l'enfant et pour désamorcer la situation. Surtout, éviter de s'énerver lorsque l'enfant résiste, se trompe ou veut abandonner.

9. Si la tension monte, mieux vaut ne pas insister et arrêter. Reprendre le tout plus tard ou inviter l'autre parent à prendre la relève.

10. Retenir que le meilleur service à rendre à son enfant, c'est de préserver son plaisir d'apprendre et d'éviter que cette période devienne destructive.

11. Souligner régulièrement tous ses petits efforts.

12. Ne pas se montrer trop exigeant envers lui. Entretenir des attentes à la hauteur de ses capacités et respecter son rythme d'apprentissage.

13. Déléguer la tâche des devoirs à une tierce personne (autre parent, tuteur, etc.) si les conflits persistent et lorsqu'il est impossible de fournir à l'enfant le temps, la patience et l'énergie nécessaires à sa supervision.

Pas toujours facile l'école !

Les difficultés scolaires

Les questions que tout parent se pose :

* Quelles sont les causes possibles des difficultés scolaires ?
* Comment réagir quand mon enfant éprouve des difficultés à l'école ?
* Comment aider mon enfant à surmonter ses difficultés ?
* Comment lui redonner confiance ?
* Que faire si mon enfant ne manifeste aucun intérêt ?
* Comment réagir au bulletin scolaire ?
* Mon enfant souffre-t-il d'un trouble d'apprentissage ?
* Le redoublement : un mal parfois nécessaire ?

En tant que parents, nous accompagnons nos enfants dès leur naissance : nous les éduquons, nous leur montrons à marcher, à parler, à devenir propres, et bien d'autres choses encore. Puis arrive la période scolaire : un milieu distinct qui offre des apprentissages différents et dans lequel nos enfants sont évalués et comparés aux autres. De notre côté, nous tentons de mettre en place toutes les conditions gagnantes pour que nos jeunes réussissent. Mais quand cela ne suffit pas et que nos enfants éprouvent des difficultés, qu'ils ont du mal à suivre en classe, que leurs résultats laissent à désirer, qu'ils perdent toute confiance en eux et finissent par dire : « Moi, je ne suis pas bon à l'école ! », c'est toujours éprouvant et désarmant. Heureusement, nous pouvons encore intervenir afin de corriger la situation, mais il faut réagir vite !

Quelles sont les causes possibles des difficultés scolaires ?

De la maternelle jusqu'au diplôme, l'école façonne la vie de notre enfant. C'est un milieu significatif dans lequel il construit son identité, développe ses aptitudes sociales, enrichit ses connaissances et ses compétences, apprend à suivre les règles et les consignes, et à gérer les attentes des autres. Il y est aussi amené à développer son autonomie et son sens des responsabilités, à découvrir ses forces, ses faiblesses, ses intérêts et ses passions... Bref, c'est un périple de vie exigeant et très enrichissant, mais qui peut évidemment présenter son lot de difficultés. Chose certaine, c'est rarement un parcours en ligne droite, et les embûches sont inévitables.

Lorsque notre enfant a des difficultés scolaires, notre rôle en tant que parents est d'abord d'essayer d'en comprendre les causes, pour ensuite être en mesure d'intervenir adéquatement. Est-ce un problème passager ou une difficulté soutenue ? Est-ce que notre enfant vit des troubles affectifs, des problèmes d'adaptation, d'estime de soi, d'organisation ? Voici quelques pistes pour répondre à ces questions.

* **Les événements affectifs.** L'environnement familial peut avoir de grandes répercussions sur la vie scolaire de notre enfant. Un parent malade, la naissance d'un frère ou d'une sœur, le décès d'un proche, la séparation des parents, un déménagement, toutes ces situations peuvent générer du stress, de l'anxiété ou une instabilité qui risque de drainer l'énergie de l'enfant, de nuire à sa capacité de concentration et de l'empêcher de bien fonctionner en classe.

* **La relation parent-enfant.** La qualité de la relation que nous entretenons avec notre enfant est significative et peut avoir une influence sur sa vie scolaire. Un enfant peut, par exemple, prendre sa revanche sur une autorité parentale draconienne en transposant son désir d'opposition à l'école. Cette opposition peut se manifester activement (par une indiscipline, un désir de remettre en question les règles et les consignes) ou

passivement (en ne participant pas, en restant à l'écart, en étant insensible aux résultats scolaires, etc.).

* **Le manque de confiance en soi.** L'estime de soi et la confiance en ses capacités sont souvent déficientes chez l'enfant qui présente des difficultés scolaires, notamment lorsqu'il a été surprotégé par ses parents. L'enfant se décourage alors facilement (bien des fois avant même d'avoir commencé), éprouve de la difficulté à reconnaître ses forces, ses qualités et se sent parfois «insécure». Or, les premières personnes à influer sur l'estime de soi et la confiance en soi de l'enfant, ce sont les parents, c'est-à-dire nous. Tous les élèves devraient avoir une bonne perception d'eux-mêmes afin d'être heureux et performants à l'école; en tant que parents, nous pouvons grandement aider notre enfant à développer cette confiance (voir «"Je suis pas bon, moi!" L'estime de soi», dans *Les psy-trucs pour les enfants de 3 à 6 ans*).

* **L'anxiété de performance.** Des objectifs trop élevés ou des attentes démesurées ou nettement supérieures aux capacités de notre enfant peuvent très certainement provoquer une démotivation chez lui et entraîner des difficultés scolaires. Si nous n'encourageons jamais notre enfant pour ses efforts ou que ses résultats scolaires ne semblent jamais assez bons pour nous, il perdra confiance en lui. Il risque de se convaincre qu'il n'est pas assez bon, qu'il n'est pas à la hauteur et se sentira tout simplement... incompétent.

* **Les difficultés avec les amis.** Un enfant peut très certainement être affecté sur le plan scolaire s'il vit des difficultés avec ses amis, s'il est ignoré ou même rejeté par ses pairs. Les amis constituent un des principaux éléments de motivation à l'école, c'est pourquoi nous devons intervenir rapidement lorsque notre enfant vit des problèmes sur ce plan (voir «Mon enfant n'a pas d'amis! La socialisation», à la page 137).

* **Les difficultés avec l'enseignant.** Il est possible que, le temps d'une année, l'enfant vive différents problèmes avec son enseignant ou ne l'aime pas, tout simplement. Cette situation peut le démotiver et, par conséquent, influer sur ses performances scolaires. Si votre évaluation (prudente et objective) vous amène à cette conclusion, il est alors souhaitable de rencontrer l'enseignant afin d'écarter tout malentendu et de tenter de corriger la situation (voir « Il n'aime pas son enseignant ! », à la page 165).

* **L'immaturité.** Certaines études indiquent que les plus jeunes de la classe (les enfants nés entre juillet et la fin de septembre) peuvent avoir un peu plus de difficultés à suivre le rythme. Leur manque de maturité peut en effet engendrer certains problèmes d'adaptation. Nous devons donc, comme parents, compenser cette lacune en soutenant bien notre enfant dans sa démarche et en lui offrant une supervision et un encadrement plus serrés.

* **La fatigue.** Voilà un facteur qui joue souvent dans la performance scolaire des jeunes ! Entre l'école, le transport scolaire, les devoirs et les leçons, les activités parascolaires, les sports et les amis, nos enfants ont parfois du mal à reprendre leur souffle. Un emploi du temps trop chargé peut provoquer du surmenage, surtout si ce sont les heures de sommeil qui écopent. Au-delà de 6 ans, l'enfant devrait avoir 9 ou 10 heures de sommeil minimum par nuit, sans quoi, sa capacité d'apprentissage et sa concentration risquent d'en être affectées.

* **Les troubles d'apprentissage.** Certains problèmes scolaires peuvent être attribuables à des troubles d'apprentissage : dyslexie, dysphasie, déficit de l'attention (avec ou sans hyperactivité), etc. Ces troubles, qui affectent environ 10 % de la population, ne sont pas liés à l'intelligence, mais plutôt à la façon dont le cerveau reçoit, organise et utilise l'information. Ce sujet est abordé plus en détail dans ce chapitre.

* **La capacité et le rythme d'apprentissage.** Chaque enfant est unique et possède son propre rythme d'apprentissage. De plus, certaines méthodes d'enseignement peuvent moins lui convenir que d'autres. Il n'est pas toujours évident pour les enseignants de tenir compte des particularités de chacun (surtout dans les classes surpeuplées). Il est également admis que l'expérience de l'école est souvent plus difficile pour les garçons que pour les filles : ils ont un plus grand besoin de bouger, sont moins attentifs en classe (ou le sont moins longtemps) et acceptent plus difficilement le cadre scolaire, moins bien adapté à leur tempérament. En classe, alors que la majorité des filles écoutent très attentivement et gardent toute leur concentration, bien des garçons, eux, attendent ardemment le son de la cloche qui va les mener à la récréation !

Bref, les raisons pouvant expliquer les difficultés scolaires sont nombreuses et complexes. Notre rôle comme parents consiste à tenter de les reconnaître et, surtout, à travailler avec notre enfant et le personnel scolaire afin de renverser la vapeur et de lui redonner le goût d'apprendre et d'aller à l'école.

Comment réagir quand mon enfant éprouve des difficultés à l'école ?

Pour bien des parents qui ont à cœur la réussite de leur enfant, il est pénible de constater que celui-ci éprouve des difficultés à l'école, ou même qu'il se dirige vers un échec scolaire. Certains ont du mal à accepter cette situation par fierté, car ils voient l'échec de leur enfant comme un échec personnel, comme une remise en question de leurs aptitudes parentales. D'autres accueillent difficilement cette réalité parce qu'ils se rendent compte que l'avenir, qu'ils espéraient si brillant pour leur enfant, est soudain compromis. Ils doivent donc trouver un équilibre entre leur désir de voir à tout prix leur enfant réussir et les *capacités réelles* de ce dernier.

Dans tous les cas, notre *réaction* en tant que parents et notre *façon d'intervenir* jouent un rôle primordial dans la réussite de notre enfant. Si votre enfant éprouve des difficultés scolaires, les quelques conseils suivants vous aideront à faire face à la situation.

1. **Adopter une attitude d'ouverture.** Tout d'abord, vous devez éviter de voir les difficultés de votre enfant comme un échec personnel ou un signe d'incompétence parentale. Au contraire, faites preuve d'ouverture et, malgré votre difficulté à accepter la situation, travaillez de concert avec les intervenants scolaires afin de soutenir votre jeune et de l'aider à surmonter ses problèmes. Soyez *réceptif*. Plus vous collaborerez et entretiendrez une communication saine et soutenue avec l'enseignant, plus les chances que la situation se corrige augmenteront.

2. **Réagir rapidement.** De nombreuses recherches indiquent que plus on intervient tôt dans les difficultés scolaires des enfants, plus les chances de renverser la vapeur sont grandes. Vous devez donc réagir rapidement, à un moment où le retard en classe n'est pas trop grand et qu'il est facilement récupérable.

3. **Bien cerner le problème.** Tentez de trouver les causes des difficultés scolaires de votre enfant. Ses mauvaises notes sont-elles liées à un problème purement scolaire (un problème d'apprentissage) OU à un problème extérieur, qui affecte sa motivation et sa concentration en classe (problème familial, séparation, déménagement, amis, problème de santé, etc.) ? Demandez-vous également si ses résultats baissent de façon généralisée, donc dans toutes les matières, ou seulement dans quelques-unes. Les problèmes extérieurs, par exemple la séparation des parents ou un deuil, ont généralement un effet global, qui se répercute dans toutes les matières. En cernant bien les causes et l'étendue du problème, vous serez en mesure de mieux définir le plan d'action avec les intervenants de l'école.

4. **Établir un plan d'action avec l'enseignant et la direction de l'école.** L'étape suivante consiste à rencontrer l'enseignant afin de partager vos perceptions respectives de la situation, de parler

de la façon dont votre enfant réagit avec ses amis, de sa manière de se comporter en classe, de ses forces et de ses faiblesses. N'ayez pas peur de lui parler de toute situation extérieure pouvant avoir des répercussions sur la vie de votre enfant. Ces éléments d'information peuvent expliquer, en tout ou en partie, le problème et peuvent changer complètement l'approche et les moyens d'intervention qui pourraient être proposés pour votre enfant.

5. **Éviter les réactions négatives.** Il faut évidemment rester «zen» dans cette démarche et, surtout, éviter que l'enfant perçoive la chose comme une situation dramatique. Rien ne sert de réagir de manière excessive en exerçant un contrôle démesuré sur son enfant, en le menaçant, en lui rappelant sans cesse les pires scénarios ou conséquences possibles, en le critiquant ouvertement, en le comparant aux autres, amis, frères ou sœurs... Une telle attitude négative ne ferait qu'augmenter la pression et aurait un effet contraire à celui recherché: elle abaisserait sa confiance en lui, le rendrait anxieux et freinerait sa capacité d'apprentissage. Restez également discret et évitez d'informer inutilement les amis et la famille des difficultés de votre enfant. L'étiqueter ainsi affecterait son estime de soi. Donnez-lui plutôt la chance de préserver sa confiance et son sentiment de compétence: il est capable!

Le sentiment d'incompétence

Au cours de son développement, notre enfant ne vivra pas seulement des réussites. Les erreurs, les difficultés, les échecs font partie intégrante de son apprentissage de la vie. Lorsqu'ils surviennent, nous devons faire preuve de prudence et tenter d'aider notre enfant à les affronter adéquatement sans que cela affecte sa confiance.

Devant un échec, les enfants sont souvent déçus et craignent de décevoir leurs parents. Plus l'adulte réagit mal ou a des exigences élevées, plus il est difficile pour l'enfant de réessayer, par peur de décevoir à nouveau ou par crainte de l'échec. Il risque alors de se convaincre, bien malheureusement, qu'il n'est pas capable de réussir et aura développé ce qu'on appelle le «sentiment d'incompétence».

Nous devons donc faire en sorte que notre enfant soit conscient que *les échecs ou les difficultés scolaires ne remettent pas en cause sa valeur personnelle ni son intelligence.* Notre réaction et notre façon d'intervenir prennent alors toute leur importance et doivent permettre à notre enfant de tourner les difficultés scolaires en occasions de se prendre en main, de se surpasser et de surmonter ces petites épreuves qui ne sont bien souvent que passagères.

Il faut prendre conscience que les difficultés scolaires n'ont pas toujours des répercussions négatives à long terme (dans la mesure où nous nous en occupons), et cela ne signifie certainement pas que notre enfant ne réussira pas sa vie. N'oublions pas qu'un enfant est un être *en construction,* qu'il est constamment en apprentissage. Les difficultés et les embûches scolaires font partie de cet apprentissage et doivent tout simplement être considérées comme des occasions de faire le point, puis de rajuster sa façon de travailler et d'apprendre.

On l'a souvent constaté, bien des enfants qui éprouvent des difficultés scolaires pendant quelques années réussissent, à un moment donné, à «débloquer» et à renverser la vapeur. C'est que le processus cognitif d'un enfant est en constante évolution et ce rythme varie beaucoup d'un jeune à l'autre. Certains sont capables d'assimiler des concepts à 6 ans, alors que d'autres ne sont en mesure de le faire qu'à 7 ans; les plus jeunes de la classe sont plus susceptibles de vivre ce «décalage». De plus, un enfant qui éprouve des difficultés durant sa 2e ou sa 3e année scolaire peut facilement se retrouver en situation inverse l'année suivante: non seulement il assurera une meilleure performance, mais il se sentira en confiance et capable de réussir! Il faut donc retenir que ce n'est parfois qu'une question de développement et de temps, pour autant que nous préservions d'ici là l'estime de soi de notre enfant, que nous le soutenions et l'encouragions à persévérer.

Comment aider mon enfant à surmonter ses difficultés ?

En partageant avec l'enseignant tous les éléments d'information pertinents et en cernant l'ampleur du problème, vous pourrez établir ensemble un plan d'intervention efficace.

S'il s'agit de problèmes purement scolaires (d'apprentissage) dans quelques matières seulement, vous pourrez convenir des moyens de rattrapage précis (périodes d'étude à l'école, travaux supplémentaires à la maison, suivi plus serré lors des devoirs, etc.).

Si les problèmes ont une portée plus globale et affectent son rendement scolaire général, votre enfant aura peut-être besoin d'un encadrement plus serré. Retenir les services d'un tuteur, qui l'aidera à faire ses devoirs et révisera avec lui la matière vue en classe, peut s'avérer une solution efficace. Les périodes d'étude surveillées et dirigées (aide aux devoirs) peuvent aussi constituer une excellente option : elles permettront à votre enfant de faire son travail en présence d'un adulte qui le supervisera et lui apportera le soutien dont il a besoin.

Dans les cas plus complexes, le personnel enseignant et la direction de l'école seront en mesure de conseiller l'aide appropriée. Certains spécialistes peuvent grandement aider à cerner le problème et à trouver des solutions efficaces, notamment :

* **l'orthopédagogue**, qui rééduque l'élève dans ses apprentissages. Il travaille à partir de différents outils qui ne sont pas utilisés en classe. Il donne à l'enfant des moyens et des stratégies pour réussir ;
* **le psychoéducateur**, qui rééduque le comportement de l'enfant perturbé. Son rôle consiste à dépister, à évaluer et à accompagner l'élève qui présente des difficultés d'adaptation. Il tente de modifier les attitudes et les comportements qui ont une influence négative sur ses apprentissages ;
* **l'orthophoniste**, qui fait le dépistage et le traitement des troubles de la communication (articulation, bégaiement, compréhension du langage, etc.). Il fait aussi de la prévention dans ce domaine ;

✳ **le psychologue**, qui évalue les capacités d'apprentissage de l'enfant et ses divers problèmes psychologiques. Après évaluation, il oriente l'élève et les parents vers les bonnes personnes-ressources ou intervient directement auprès du jeune. Les troubles d'apprentissage spécifiques, comme le déficit de l'attention (avec ou sans hyperactivité), font partie des problèmes que le psychologue peut dépister.

Il ne faut donc pas hésiter à faire appel aux ressources disponibles dans le milieu scolaire afin d'établir un plan d'action approprié au problème de son enfant. Il faut ensuite faire un suivi régulier auprès des intervenants scolaires et, surtout, conserver en tout temps une bonne communication école-maison.

Comment redonner confiance à mon enfant ?

Les recherches montrent que la réussite d'un enfant ne dépend pas seulement de ses compétences, mais également de la confiance qu'il a en ses capacités (le sentiment qu'il peut réussir). Certains jeunes, pourtant dotés d'un grand potentiel, n'ont pas confiance en eux et, par conséquent, éprouvent des difficultés scolaires, alors que d'autres, qui ont des capacités moindres, réussissent très bien parce qu'ils y croient !

Comme parent, vous aidez votre enfant à bâtir cette confiance quand vous...

✳ lui proposez des défis à sa mesure afin qu'il ait l'occasion de vivre régulièrement de petites réussites ;

✳ lui fixez des objectifs précis et à brève échéance, par exemple réussir son examen de la semaine, plutôt que de lui demander d'avoir un bon bulletin ;

✳ mettez l'accent sur ses forces et ses qualités ;

✳ lui rappelez ses réussites quand la persévérance est de mise ou que la motivation est en baisse ;

✳ lui donnez le droit à l'erreur : il est en apprentissage, vous ne devez pas l'oublier ;

* l'encouragez pour tous les efforts qu'il fait ;
* le félicitez pour ses moindres progrès ;
* soulignez et même fêtez ses réussites en affichant ses bons coups sur le réfrigérateur, en appelant grand-maman pour lui annoncer la bonne nouvelle, en célébrant l'événement au repas familial, etc.

Il est important de souligner tout effort et chaque petit succès de son enfant : dans son cœur et sa tête, il ressentira inévitablement un sentiment de fierté, aura l'impression d'être apprécié, prendra conscience de ses capacités, développera sa motivation et, surtout, la conviction *qu'il peut réussir à nouveau*. Ces attitudes positives lui permettront de regagner progressivement confiance en lui-même et le motiveront à poursuivre dans la même direction.

La notion de motivation joue évidemment un rôle très important. Il est clair que l'absence de motivation explique un grand nombre d'échecs de la part de nos enfants, même s'ils ont le potentiel pour réussir (voir « Comment motiver son enfant à l'école ? », à la page 23).

Voici quelques éléments pouvant favoriser la motivation de votre jeune à l'école :

* **Démontrer de l'intérêt envers tout ce qui concerne l'école.** Les devoirs, les travaux, les réunions de parents, les activités spéciales, les occasions ne manquent pas pour montrer votre intérêt de diverses façons. Les enfants apprécient toujours que leurs parents s'informent au sujet de leur enseignant et de la relation qu'ils ont avec lui, de leurs amis en classe, de leurs inquiétudes, etc. Les exemples de l'expo-science et du spectacle annuel sont éloquents : on peut percevoir la valorisation, la fierté, la motivation, bref cette « étincelle » dans les yeux des enfants dont les parents participent ou sont présents ;

* **Parler de l'école en termes positifs.** Pour qu'un enfant aime l'école, il faut avant tout que ses parents eux-mêmes perçoivent l'école positivement. Évitons tout commentaire négatif;
* **Utiliser les récompenses.** Vous pouvez offrir à votre enfant une stimulation supplémentaire qui lui permettra de constater que ses efforts lui procurent des bénéfices à court terme, et non pas seulement à long terme. Par exemple, lorsqu'il a fait de beaux efforts ou qu'il présente des progrès, félicitez-le et autorisez-le à faire une activité spéciale, une sortie qu'il appréciera beaucoup. Il faut cependant faire preuve de prudence et utiliser les récompenses avec retenue. L'enfant pourrait interpréter ce geste comme de la manipulation, du chantage ou simplement tenir pour acquis qu'il aura une récompense et ne ferait donc pas les efforts pour les bonnes raisons.

Que faire si mon enfant ne manifeste aucun intérêt?

Malgré tous les efforts et la bonne volonté consentis, il peut arriver que rien ne fonctionne. L'enfant n'est pas réceptif, fait tout pour éviter de se mettre au travail, ne veut pas faire d'efforts, se contente toujours du minimum demandé, ne montre aucun intérêt ou semble tout à fait indifférent aux résultats ou à leurs conséquences. Voilà une attitude très éprouvante pour les parents! Elle peut cependant révéler un malaise plus profond qu'il faudra tenter de cerner.

Une telle attitude peut être attribuable, entre autres, à ce qu'on appelle le syndrome de l'échec. Ce syndrome peut apparaître chez un élève qui a vécu de nombreuses difficultés scolaires; son quotidien, ses évaluations et ses notes, l'attitude des enseignants, les images renvoyées par les parents ou les amis ont démoli son estime de soi et sa confiance en lui-même. Le milieu scolaire et les difficultés rencontrées peuvent en effet projeter une image blessante et humiliante dont l'enfant voudra se prémunir en se composant progressivement une «carapace» ou en adoptant des comportements d'évitement. Il voudra, de surcroît, exprimer publiquement son désintérêt envers l'école, manifester son opposition ou se replier sur lui-même en guise de protection.

Un enfant qui manifeste, en tout ou en partie, de tels comportements a clairement besoin d'un soutien efficace afin de rebâtir sa confiance en lui et d'avoir, comme tous les élèves qui aspirent à réussir, une bonne perception de lui-même et de l'école. Si votre enfant vit une telle situation et affiche des comportements semblables, n'hésitez pas à faire appel aux différentes ressources disponibles pour vous guider et vous aider.

Comment réagir au bulletin scolaire?

La plupart des parents attendent les bulletins avec impatience, puisque c'est un moyen rapide de savoir si leur enfant va bien à l'école. Ce bilan nous permet en effet d'obtenir de nombreux renseignements sur les performances et les comportements de notre enfant et de saisir ses forces et ses faiblesses en classe. Un bon bulletin ne pose en général aucun problème; il permet à notre enfant d'être fier de lui et de partager sa réussite avec nous. Il en va autrement quand le bilan est moins positif! Comment devons-nous réagir? Quelle est la bonne attitude à adopter dans ce cas?

* **Consulter d'abord le bulletin sans l'enfant.** Il faut, avant tout, prendre le temps de consulter ce bilan *seul* (ou entre parents), à tête reposée, *afin de bien le comprendre*, d'en faire une première analyse et d'en saisir les éléments principaux.
* **Prendre le temps de regarder le bulletin avec son enfant.** Par la suite, il est très important de se réserver un moment seul avec son enfant, loin de toutes distractions et de la routine quotidienne (repas, devoirs, etc.). Transformez cette consultation du bulletin en moment privilégié entre vous, un geste qui indiquera à votre enfant que son bulletin, sa réussite, son école, bref, que sa vie scolaire est significative à vos yeux. C'est également une bonne façon de lui permettre de *s'approprier* ses résultats, ses efforts. Cela le «responsabilisera» vis-à-vis

de l'école. Bien des enfants n'ont pas l'occasion de consulter LEUR bulletin et certains ne savent même pas quels résultats ils ont obtenus ou sur quels plans se situent leurs progrès ou leurs difficultés! L'enfant qui aura fait l'exercice d'analyser son bulletin avec ses parents sera en mesure de poursuivre son travail ou de l'améliorer, si cela est nécessaire.

✳ **Souligner les points positifs.** Félicitez d'abord votre enfant pour ses bons résultats et ses progrès ainsi que pour les bons comportements signalés par l'enseignant. Soulignez également ses forces et montrez-lui que vous êtes fier des efforts qu'il a faits dans certains domaines. Cela lui permettra de préserver son estime de soi.

✳ **Mettre l'accent sur les améliorations.** Que les résultats soient bons ou non, vous devez mettre l'accent sur toutes les *améliorations de votre enfant*. Il est inutile de comparer ses résultats avec la moyenne du groupe ou avec les notes de son frère ou de sa sœur! Il faut regarder sa propre évolution. Si vous constatez que les résultats se sont améliorés par rapport au trimestre précédent, soulignez-le et félicitez votre enfant: « Bravo! tu t'es amélioré. Continue comme ça, tu es sur la bonne voie... » Le fait que vous mettiez ainsi l'accent sur l'amélioration et l'effort fourni sera pour votre enfant une grande source de motivation et l'aidera à prendre confiance en lui.

✳ **Discuter des problèmes et des solutions.** Devant les mauvaises notes qui ne reflètent aucune amélioration, adoptez une attitude conciliante (restez « zen »!) et discutez avec votre enfant des raisons pouvant expliquer ces résultats (selon lui) et des solutions possibles. Est-ce étudier davantage? Demander de l'aide à l'enseignant? Aller aux périodes d'étude ou de rattrapage?

✳ **Rester serein!** Rien ne sert de hausser le ton, de réprimander ou de punir son enfant devant un mauvais bulletin. Il faut plutôt avoir une discussion constructive et établir un plan d'action avec l'enseignant, si cela est nécessaire. Si votre enfant vous voit adopter une telle attitude, il comprendra que, peu importent ses résultats, vous serez réceptif et ouvert. Il saisira également que le but de cette rencontre est de faire un bilan et de trouver des solutions aux problèmes.

Il n'y a pas que les notes qui comptent!

Bien des parents ne s'en remettent qu'aux notes pour évaluer leur enfant: «As-tu eu des résultats d'examen aujourd'hui?», «Quelle note as-tu obtenu en mathématiques?» Ils ont l'impression qu'un enfant doit absolument avoir de bons résultats scolaires pour réussir sa vie. Ils confondent réussite scolaire et valeur personnelle de l'enfant. Les amis, les activités, la relation élève-enseignant leur importent peu, et leur intérêt à la vie scolaire de leur enfant se résume simplement à la performance obtenue. Ces parents ont des attentes élevées, voire démesurées, et se contentent souvent de dire, devant de bonnes notes: «C'est bien» ou «C'est normal»; ils se montrent intransigeants devant tout résultat jugé insuffisant.

Soyons vigilants et évitons le piège des notes! Demandons à notre enfant: «Comment ça va à l'école?» ou «Est-ce que tout va bien avec ton enseignant et avec tes amis?» au lieu de nous enquérir uniquement des notes. Nous établirons ainsi un meilleur lien de communication, qui permettra d'affronter, plus efficacement et sereinement, les périodes difficiles!

Mon enfant souffre-t-il d'un trouble d'apprentissage?

Certaines difficultés scolaires peuvent être causées par un trouble d'apprentissage (TA), qui est parfois difficile à détecter, surtout quand l'enfant a un tempérament assez calme et qu'il ne manifeste aucun problème de comportement.

Un TA est un problème qui affecte la façon dont le cerveau organise, interprète, comprend ou utilise l'information. Ce trouble, qui touche environ 10 % de la population, n'est pas du tout lié à l'intelligence : les enfants qui souffrent d'un TA ont généralement un quotient intellectuel égal ou supérieur à la moyenne.

Voici quelques-uns des symptômes chez l'enfant :

* Il fait constamment des erreurs de lecture et d'épellation, y compris inverser des lettres (b/d) ;
* Il éprouve de la difficulté avec les séquences de chiffres, les énumérations, l'ordre et confond les signes arithmétiques ;
* Il est lent à apprendre (se fie énormément à la mémorisation) ;
* Il se souvient difficilement du nom des choses, des saisons, des mois, des rues, etc. ;
* Il a de la difficulté à écrire (calligraphie) ;
* Il a de la difficulté à exprimer des idées et à raconter des événements précis ;
* Il manque de coordination et éprouve des problèmes moteurs ;
* Il présente un retard de langage.

Parmi les troubles d'apprentissage, on trouve les suivants :

* **Le déficit de l'attention (avec ou sans hyperactivité).** Le jeune qui souffre de ce trouble a des problèmes avec tout ce qui demande une attention plus ou moins soutenue. C'est un trouble d'ordre neurologique et/ou psychologique qui rend l'enfant vulnérable : il est obligé de mettre les bouchées doubles s'il veut suivre à l'école et a évidemment de la difficulté à fournir les efforts supplémentaires pour se concentrer sur les devoirs, le soir venu (voir « Le déficit de l'attention et l'hyperactivité », à la page 117) ;
* **La dyslexie et la dysorthographie.** Il s'agit d'un trouble du langage écrit. Le dyslexique identifie des images et comprend les

mots qu'il entend, mais éprouve de la difficulté à les lire (dyslexie) ou à les écrire (dysorthographie);

* **La dysphasie.** C'est un retard du langage. Le jeune a de la difficulté à différencier certains sons, à comprendre les mots, à saisir les subtilités du langage et des mots, à exprimer ses idées (organisation de la pensée);

* **La dyspraxie (orale ou motrice).** C'est un trouble de coordination. L'enfant dyspraxique renverse tout, se cogne souvent, a de la difficulté à faire certaines tâches manuelles précises, à s'organiser et a parfois de la difficulté à articuler. C'est la motricité fine qui est le plus affectée. L'enfant sera parfois qualifié de maladroit ou de lunatique. Ce n'est pas un trouble musculaire ni intellectuel. On note la *dyspraxie orale* (trouble de coordination de la langue, des lèvres et de la mâchoire) et la *dyspraxie motrice* (trouble de coordination des muscles et des articulations);

* **La dyscalculie.** L'élève qui souffre de dyscalculie a de la difficulté à calculer, à utiliser les nombres ou les formes géométriques, à lire l'heure ou à évaluer les distances. Ce trouble a évidemment des répercussions importantes sur ses résultats en mathématiques.

Cette liste partielle constitue un survol des différents TA. Si votre enfant présente certains de ces symptômes, il serait important de consulter le personnel de l'école afin d'obtenir l'évaluation de spécialistes (psychologues, orthophonistes, orthopédagogues, etc.).

Le redoublement : un mal nécessaire ?

Le redoublement consiste à faire recommencer une année à un enfant qui éprouve des difficultés scolaires. Cette solution est encore appliquée, malgré sa très forte baisse de popularité.

De nombreux spécialistes et enseignants estiment que le redoublement peut s'avérer utile dans certains cas. Cette reprise scolaire a pour but de permettre à l'enfant d'acquérir plus de maturité et d'intégrer des notions qu'il n'a pu maîtriser la première fois. Elle permet également de lui *faire vivre des succès* en respectant son rythme d'apprentissage, ce qui a pour effet de rebâtir son sentiment de compétence, sa confiance en lui et, possiblement, de renverser la vapeur. Pour plusieurs, c'est une chance de repartir sur de nouvelles bases.

Dans tous les cas, l'utilité d'un redoublement dépend de la manière dont l'enfant le perçoit et, surtout, *de la manière dont ses parents lui présentent la chose*. Le but est d'éviter qu'il ait un sentiment d'échec et qu'il soit envahi par un complexe d'infériorité. Il faut l'aider à interpréter ce redoublement comme une occasion de *poursuivre son année scolaire* (et non de la recommencer). De toute façon, qui a dit que tous les apprentissages scolaires du primaire devaient systématiquement être acquis en six années, et ce, pour tous sans exception ?

En fait, le plus gros travail d'acceptation se situe peut-être du côté des parents, dont l'estime ou l'ego peut être durement atteint. Les adultes se soucient davantage du regard et du jugement des autres et trouvent parfois bien difficile d'accepter le redoublement de leur enfant parce qu'il pourrait être perçu comme un échec parental.

Si le redoublement est bien accepté, si la préparation ainsi que la présentation à l'enfant sont adéquates, cette expérience peut s'avérer très bénéfique pour l'estime de soi. Le jeune aura alors l'occasion de prendre de l'assurance et de ne plus se retrouver constamment parmi les élèves en retard et en difficulté, mais plutôt parmi ceux qui réussissent. Le redoublement peut donc devenir un autre moyen de l'aider à surmonter ses difficultés et à prendre la place qui lui revient dans cette école de la vie !

Les psy-trucs

1. Ne pas percevoir les difficultés de son enfant comme un échec parental personnel et ne pas mettre en cause pour autant ses chances de succès dans la vie. Ce n'est qu'une occasion d'apprendre, de s'adapter et de grandir.

2. Réagir rapidement devant ses difficultés : plus on intervient tôt, meilleures sont ses chances de rattraper le retard et de reprendre la voie de la réussite.

3. Bien cerner le problème en combinant son évaluation de la situation en tant que parent avec celle de l'enseignant. Il sera probablement plus facile d'appliquer le plan d'action (aide aux devoirs, période de rattrapage, etc.) s'il s'agit de problèmes purement scolaires.

4. Ne pas hésiter à discuter avec le personnel enseignant et avec les différents spécialistes disponibles si le cas est complexe (problèmes affectifs extérieurs ou troubles d'apprentissage). Cette collaboration permettra de bien cerner la situation et de trouver les solutions appropriées.

5. Éviter les réactions négatives ou excessives qui donneraient l'impression à l'enfant que la situation est dramatique. Cela ne ferait qu'affecter son estime de soi et exercerait sur lui une pression inutile et malsaine.

6. Rester discret (ne pas parler de ses difficultés à l'entourage, à moins que ce ne soit nécessaire) pour éviter les étiquettes et pour donner à son enfant la chance de préserver sa confiance et son sentiment de compétence.

7. Proposer à son enfant des défis à sa mesure, des objectifs précis et à brève échéance, afin qu'il ait l'occasion de vivre régulièrement de petites réussites (bâtir sa confiance en sa capacité de réussite).

8. Mettre l'accent sur ses forces et ses qualités. Souligner ses réussites, l'encourager pour tous ses efforts et afficher ses bons coups.

9. Lui donner le droit à l'erreur : il est en apprentissage !

10. Prendre le temps de regarder le bulletin scolaire en toute sérénité. Souligner les points positifs et les améliorations. Adopter une atti-

tude conciliante et discuter avec son enfant des raisons qui peuvent expliquer ses résultats (selon lui) et des solutions possibles.

11. S'abstenir de hausser le ton, de réprimander son enfant ou de le punir. À l'aide d'une discussion constructive, établir plutôt un plan d'action avec lui et avec son enseignant, si cela est nécessaire.

12. Ne pas hésiter à faire appel au personnel enseignant et aux spécialistes lorsqu'un problème important est suspecté (par exemple le déficit de l'attention).

Petit guide de la discipline !

Les questions que tout parent se pose :

* Pourquoi est-ce important de faire respecter les règles ?
* Comment les faire respecter ?
* Est-ce que tous les enfants s'opposent aux règles ?
* Est-ce normal de toujours répéter ?
* Quand dois-je intervenir ?
* Quelles sont les méthodes d'intervention à privilégier ?
* Comment faire comprendre à mon enfant que je désapprouve son comportement ?
* Quelles sont les méthodes à éviter (menaces, fessée...) ?

En tant que parents, nous vivons tous des situations qui nous obligent à répéter sans cesse les mêmes consignes, à corriger jour après jour certains comportements, à réprimander, à intervenir, à menacer, et même à punir nos enfants... bref, des situations qui nous donnent parfois l'impression de constamment jouer à la police ! Il n'est pas facile de saisir les limites d'intervention : certains parents se sentent trop permissifs, alors que d'autres ont l'impression de toujours être sur le dos de leurs enfants. C'est malheureusement le lot de bien des parents pour qui l'application des règles et de la discipline peut devenir un véritable casse-tête !

Pourquoi est-ce important de faire respecter les règles ?

Nos enfants sont des êtres en construction, et la discipline permet de leur montrer ce qui est bien et ce qui est mal, ce qui est acceptable dans la famille ou dans la société et ce qui ne l'est pas. C'est ainsi que nous leur enseignons les règles de base et les valeurs que nous prônons. Puisque c'est un apprentissage, il est normal que nos enfants ne fassent pas toujours la différence entre ce qui est acceptable et ce qui ne l'est pas, et qu'ils aient parfois des comportements inadéquats. C'est là que nous devons intervenir.

Nous désirons évidemment ce qu'il y a de mieux pour nos enfants et, surtout, nous voulons qu'ils grandissent en se sentant aimés et sans être brimés dans leur épanouissement. Mais les parents qui ont à cœur de donner ce qu'il y a de mieux à leurs enfants comprendront que leur bonheur et leur développement passent également par l'éducation, qui inclut l'apprentissage des règles et des limites, et nécessite un minimum d'encadrement.

Il est important d'assurer cette discipline et d'imposer, au quotidien, nos règles et nos limites avec *constance* et *fermeté*. Cet enseignement est un élément clé dans la vie de nos enfants. C'est un des rôles parentaux les plus importants, mais, en même temps, celui qui est probablement le plus exigeant et le plus difficile à assumer avec constance!

Pourquoi est-ce parfois difficile de dire non?

Certains parents n'osent pas dire non à leur enfant par peur de ne pas être aimés, par peur de «brimer» son épanouissement ou d'être trop sévères. D'autres veulent simplement éviter l'argumentation, les pleurs ou les crises. D'autres encore cherchent plutôt à se déculpabiliser du manque de temps passé avec leur enfant.

Cette attitude peut malheureusement les rattraper et avoir des effets néfastes à long terme. De fait, ces parents risquent, un jour ou l'autre, de perdre le contrôle de la situation et d'être exaspérés par les comportements indésirables de leur enfant. Il sera alors un peu tard pour réagir et tenter de lui imposer un encadrement: l'enfant risque de «surréagir» à ces nouvelles limites et peut devenir un peu confus devant ce changement d'attitude ou ce soudain acharnement de la part de ses parents.

Il est important d'assurer un bon encadrement *dès le jeune âge, de façon progressive*, au fur et à mesure que les situations se présentent. C'est un travail de longue haleine, qui demande beaucoup d'énergie et de discipline de la part des parents. Toutefois, les résultats en valent la peine et faciliteront leur tâche... dans le futur!

Comment faire respecter les règles?

Bien que nous soyons tous d'accord avec l'importance d'imposer des limites à notre enfant et de lui enseigner les bonnes règles de conduite, dans la réalité de tous les jours, il peut être ardu d'appliquer cette discipline avec efficacité et constance. En fait, tout est une question d'équilibre (entre ce qui est toléré et ce qui ne l'est pas) et de dosage (la façon dont nous appliquons la discipline).

Des règles trop rigides et imposées dans un climat constamment négatif (sans respect envers l'enfant, avec dénigrement ou même avec violence verbale ou physique) peuvent nuire à l'épanouissement de notre enfant, le brimer et sérieusement hypothéquer son estime de soi (voir «"Je suis pas bon, moi!" L'estime de soi», dans *Les psy-trucs pour les enfants de 3 à 6 ans*).

Mais un manque de discipline ou d'encadrement risque tout autant de nuire à notre enfant. Les jeunes à qui on n'a jamais dit non perdent leurs repères, ne connaissent pas les limites admissibles et acceptent difficilement que leurs demandes soient refusées (même lorsqu'ils deviennent adultes!). Ces enfants ont parfois de la difficulté à socialiser ou se transforment en «enfants-rois» (voir «Le "roi" de la maison», dans *Les psy-trucs pour les enfants de 3 à 6 ans*).

Une chose est sûre, que ce soit à la maison ou à l'école, nous devons amener notre enfant à accepter les règles de conduite et les consignes de base: rester poli, attendre son tour pour parler, ramasser ses jouets après le jeu, dire «s'il vous plaît» et «merci», ne pas frapper les autres, saluer les gens, etc.

La loi des 5C

Voici cinq caractéristiques que doivent comporter nos règles :

1. **Claires :** Les règles de vie à la maison doivent être clairement expliquées à notre enfant. Il doit *savoir* ce qui est permis et ce qui ne l'est pas.

2. **Concrètes :** Les règles doivent être concrètes pour que l'enfant puisse les comprendre et les appliquer adéquatement. Il est plus concret de demander à son enfant de ramasser ses vêtements que de lui demander que sa chambre soit propre.

3. **Constantes :** Probablement un des principes les plus difficiles à appliquer chez les parents, intervenants en garderie ou enseignants. Les règles ne doivent pas changer selon l'humeur des adultes, selon la journée ou selon le parent. Constance veut aussi dire fermeté. Si vous tolérez un comportement un jour et ne l'acceptez pas le suivant, l'enfant sera confus. La constance est sécurisante pour l'enfant, cela lui permet de prévoir les réactions de ses parents. La fermeté ne veut pas non plus dire rigidité. On peut suspendre temporairement une règle pour une occasion spéciale (une fête par exemple), mais il faut expliquer clairement que c'est une exception, un privilège.

4. **Cohérentes :** Les parents sont les modèles pour leur enfant. Il faut donc, nous aussi, respecter les règles de vie que nous avons mises en place à la maison, par exemple : le respect, la politesse...

5. **Conséquentes :** Les enfants ont tous, à divers degrés, une tendance à défier les règles ou à vouloir repousser les limites, d'où l'importance d'établir des conséquences à ces écarts de conduite. Idéalement, la conséquence doit avoir un lien avec le non-respect de la règle. Exemple : la règle est de ne pas manger dans le salon et la conséquence : interdiction de télévision pour la soirée.

Voici d'autres éléments à considérer dans l'application de ces règles :

* Assurez-vous que les règles sont adaptées à l'âge de votre enfant ;
* Établissez des règles simples ;
* Limitez le nombre de règles (lorsqu'il y en a trop, il est parfois difficile de les respecter sans faille) ;
* Mettez-vous d'accord entre parents sur les consignes à faire respecter ;
* N'hésitez pas à rappeler les consignes (c'est d'ailleurs inévitable !). Les enfants ont une mémoire à court terme et le fait de leur rappeler les consignes avec calme et respect les aidera.

Est-ce que tous les enfants s'opposent aux règles ?

Tous les enfants ont tendance, à divers degrés, à avoir de « mauvais » comportements, à s'opposer ou à défier certaines règles. Ces comportements d'opposition, qu'ils soient occasionnels, soutenus ou sur de courtes périodes, sont normaux. Les enfants ressentent tous le besoin, à un moment ou à un autre, de se frotter à l'opposition des parents (ou des autres figures d'autorité telles que les gardiennes, les intervenants ou les enseignants). Ce niveau d'opposition et de frustration qui se bâtit chez l'enfant fait partie de son apprentissage, de sa phase d'affirmation ; il contribue à définir et à construire sa personnalité.

Ces écarts de conduite sont généralement provoqués pour les raisons suivantes : par impulsivité, par besoin de comprendre la règle en question ou les raisons qui justifient cette règle, ou par besoin d'attention. Certains enfants vont parfois tout faire pour que leurs parents s'occupent d'eux. D'ailleurs nos enfants obtiennent bien plus facilement notre attention quand ils font des « mauvais coups », n'est-ce pas ? Si nous oublions de les féliciter pour leurs bons comportements ou de leur donner de l'attention d'une façon agréable et positive, ils auront tendance à se comporter de façon désagréable pour avoir notre attention... même si elle est négative !

Il faut prendre conscience que l'opposition de nos enfants est normale (peu importent leurs raisons) et ne pas voir cela comme un affront direct. Nous devons assumer ces désaccords qui se présentent dans l'éducation de nos enfants, éviter de réagir de façon excessive et de tourner cette situation en confrontation. Lorsqu'une mésentente surgit, prenons un peu de recul, puis intervenons avec calme : « Je comprends que tu ne sois pas d'accord, mais c'est la règle », « Je sais que tu es déçu, triste, en colère, mais je maintiens ma décision... », « Je comprends, c'est difficile de ne pas toujours faire ce qu'on veut, mais c'est comme ça... »

Il ne faut surtout pas succomber (n'oubliez pas : constance et fermeté !). Si l'enfant comprend la consigne, réalise qu'elle est claire et qu'*elle sera toujours appliquée (sans exception et sans négociations)*, il n'aura pas le choix de l'accepter et passera naturellement à autre chose. Les règles seront donc graduellement acquises et feront désormais partie intégrante de sa vie.

Est-ce normal de toujours répéter ?

Voici une situation vécue par *tous les parents*, sans exception : rappeler constamment les enfants à l'ordre, leur répéter, jour après jour, les mêmes consignes, ce qu'ils ont le droit de faire et ce qui n'est pas permis. Les enfants ont une mémoire à court terme, il est donc normal de devoir leur rappeler ces règles. Il y a cependant une distinction à faire entre *rappeler* régulièrement (ce qui fait partie de l'apprentissage de tous les enfants) et *répéter* plusieurs fois la même consigne ou demander avant d'intervenir.

Lorsqu'il s'agit d'une demande, il faut éviter de négocier et de répéter sans cesse. Nos enfants connaissent nos limites et savent très bien avec quels adultes, plus « souples » que d'autres, ils peuvent se permettre d'attendre avant d'agir... alors pourquoi écouter du premier coup ? Répéter sans cesse c'est encourager son enfant à prolonger son opposition et, surtout, à ne pas écouter dès la première demande. Il est plutôt recommandé de répéter une seule fois la consigne en précisant quelle sera la conséquence attendue, puis d'agir le cas échéant.

Quant aux règles, il faut inévitablement les rappeler à nos enfants afin qu'ils puissent les intégrer dans leurs habitudes de vie. Cela fait partie de leur apprentissage, de leur éducation. Nous sommes parfois étonnés de devoir rappeler à nos enfants, *même lorsqu'ils vieillissent*, certaines règles qui semblaient pourtant acquises. Cela fait partie de notre rôle comme parents, comme «coachs» de vie!

Quand dois-je intervenir?

Nous voulons tous que nos enfants soient bien éduqués, mais en même temps, nous ne voulons pas tomber dans le piège du parent-policier pour qui les seules interventions se limitent à des interdits ou à des réprimandes. Le défi pour tout parent est donc de trouver le juste équilibre.

Mais comment trouver cet équilibre? Commencez par faire respecter les règles de base de la vie de famille, celles qui sont *non négociables*: les comportements à table, l'heure du coucher, la politesse... Cernez ensuite les comportements qui dérangent le plus, qui affectent le plus négativement la vie familiale ou ceux qui vont à l'encontre de vos valeurs ou des règles en société. Un enfant qui est impoli devrait donc être repris puisque ce comportement ne sera pas plus toléré dans la famille qu'à l'école et dans la société en général. Par contre, un enfant qui se lève de table dès qu'il a terminé son assiette peut être toléré chez certains et repris par d'autres (selon les règles de vie de la famille ou les critères personnels).

Trop souvent les parents tolèrent longuement un comportement, répètent à maintes reprises ou négocient interminablement pour finalement exploser et imposer des conséquences de façon inappropriée et dans un état colérique qui n'est pas souhaitable. Mieux vaut éviter ces situations et intervenir dès la première occasion.

Quelles sont les méthodes d'intervention à privilégier?

Pour assurer le respect des règles et la discipline, il faut non seulement faire preuve de constance et de fermeté dans leur application, mais également savoir intervenir adéquatement. Nos interventions auprès de nos

enfants doivent être appropriées aux circonstances, respecter leur développement et maintenir leur estime de soi.

Comme il existe différentes philosophies dans le domaine de l'éducation, bien des parents se demandent si leur façon de faire est la bonne.
Voici quelques exemples de méthodes d'intervention souhaitables.

La méthode du 1... 2... 3 !

Cette méthode consiste à rappeler la consigne à notre enfant et à l'informer de la conséquence qui l'attend s'il ne change pas son comportement
au compte de 1... 2... 3 ! Cette façon d'intervenir permet de susciter son
intérêt et son attention.

> « Sébastien, je t'ai demandé de venir ranger ton jeu,
> sinon tu ne regardes pas la télé pour le reste de la journée.
> Je compte jusqu'à trois. 1... 2... »

Donc, on rappelle la consigne en précisant la conséquence qui s'ensui-
vra si l'enfant n'obéit pas. Cette méthode est très efficace : les parents et
les intervenants sont toujours agréablement surpris des résultats positifs
obtenus, à condition de ne pas recommencer le compte ou de se laisser
aller... jusqu'à 10 !

La créativité et la bonne humeur

L'utilisation du jeu ou du sens de l'humour pour apprendre et faire respecter certaines règles ou directives est très efficace. Les taquineries, les cha-
touillements, les clins d'œil, les sourires, les petits jeux permettent de
désamorcer des situations tendues. Ils deviennent des alliés importants
pour motiver notre enfant à respecter la règle ou pour modifier son comportement, et ce, dans un climat positif et harmonieux.

Cette approche permet aux parents d'éviter de faire appel systématiquement aux réprimandes ou aux conséquences, qui leur demandent certainement beaucoup plus d'énergie et pourraient plutôt être réservées
aux récidives.

Le chuchotement

Le chuchotement constitue une méthode d'intervention particulièrement efficace en cas d'excitation intense, de colère, de pleurs ou de crise. Au lieu de réagir en haussant le ton (et d'en faire une source de confrontation), le parent qui chuchote détend l'atmosphère, sécurise l'enfant, suscite son attention et le détourne de son obsession du moment. L'enfant a alors tendance à se calmer, ce qui favorise son écoute et, éventuellement, sa collaboration.

Le renforcement positif

Cette méthode consiste à mettre l'accent sur les bons coups de son enfant et sur ses bons comportements. En l'encourageant ainsi, on lui fournit une attention positive (qu'il voudra répéter) et une source de motivation pour adopter les comportements désirés et respecter les règles établies. Le renforcement positif nourrit particulièrement l'estime de soi de notre enfant.

« Wow ! Tu as fait ton lit... Bravo ! »

« Félicitations ! Tu es venu saluer grand-maman quand elle est arrivée ! »

Certains enfants n'obtiennent l'attention de leurs parents que quand ils font des mauvais coups. Ce besoin d'attention est très fort, c'est pourquoi ils préfèrent obtenir de l'attention de façon négative plutôt que de ne pas avoir d'attention du tout. Il est donc important d'être attentifs à notre enfant et de l'encourager, de le féliciter, bref de lui donner cette attention *positive* le plus souvent possible afin de réduire ses comportements désagréables.

Si votre enfant ne collabore pas du tout, vous n'aurez pas le choix de l'informer de la conséquence qui l'attend et d'appliquer cette conséquence, si cela est nécessaire. Si vous n'appliquez pas cette conséquence, vous risquez de perdre votre crédibilité et le respect de votre autorité. De plus, l'enfant, ayant détecté cette faiblesse, recommencera la prochaine fois.

Dans la mesure du possible, il faut choisir des punitions qui sont liées au comportement de l'enfant (retirer le privilège, l'exclure du jeu...). La punition devra être

réaliste,
de courte durée,
applicable dans l'immédiat.

Exemples:
- Priver son enfant de télévision pour la soirée.
- Enlever le droit de jouer à l'ordinateur ou à la console de jeu.
- Dire à son enfant qu'il va se coucher 15 minutes plus tôt qu'à l'habitude.
- Mettre son enfant en réflexion (sur une chaise) de 2 à 5 minutes.
- Exiger que l'enfant essuie les taches qu'il a faites avec ses bottes dans le salon.

Comment faire comprendre à mon enfant que je désapprouve son comportement?

Notre façon de réagir et de faire comprendre à notre enfant que nous désapprouvons son comportement a toute son importance. Certaines méthodes s'avèrent efficaces, tandis que d'autres sont à proscrire (fessée, menaces, isolement, dénigrement...).

Voici quelques méthodes souhaitables.

La réflexion

Cette bonne méthode consiste à mettre l'enfant en retrait pour un temps limité (de 2 à 5 minutes tout au plus) afin qu'il puisse se calmer. Il est conseillé d'utiliser un chronomètre ou un sablier pour qu'il visualise le temps qui s'écoule. Cela évitera aussi les interminables « Maman! Est-ce que je peux me lever maintenant? » À la fin de la réflexion, il faut éviter de lui faire la morale ou de réexpliquer le geste reproché.

Lorsque vous voulez imposer une période de réflexion à votre enfant, *ne l'isolez pas.* Utilisez plutôt une chaise, un canapé, une marche d'escalier, bref un endroit où il se sentira en sécurité tout en sentant votre présence. Il ne s'agit pas non plus de l'humilier. *Les retraits dans un coin (face au mur) ou à genoux sont donc à proscrire.*

Évitez également le *retrait dans sa chambre* puisqu'il aura l'impression d'être abandonné, ce qui accentuera son sentiment d'insécurité. La chambre doit rester un endroit où il fait bon se retrouver (pour le dodo, entre autres). Si vous habituez votre enfant à s'isoler dans sa chambre lorsque quelque chose ne va pas, ne soyez pas surpris s'il garde cette malheureuse habitude à l'adolescence!

Le retrait de privilège

Lorsqu'il n'est pas possible d'associer une punition directement au geste commis, nous pouvons utiliser le retrait de privilège, pour autant que cette privation soit limitée dans le temps. Donc, il faut éviter de retirer le droit de regarder la télé pour deux jours ou de rouler en vélo pendant une semaine: ce n'est pas plus efficace que la perte du privilège pour une soirée ou même pour une heure seulement!

Autre point important: les retraits de privilège ne devraient jamais être des punitions affectives, c'est-à-dire priver l'enfant de moments affectifs bénéfiques. Ainsi, ne privez pas votre enfant du conte au lit, de la visite chez grand-maman, du privilège de jouer au hockey avec papa ou de jouer au jeu de société avec le reste de la famille. Bref, ne lui retirez pas ces moments qui vous permettent normalement de nourrir une belle relation avec lui, de renforcer votre lien d'attachement et votre complicité.

La réparation

La réparation est une conséquence directement liée au geste commis: ramasser son dégât, ranger les livres à la traîne, s'excuser auprès d'un ami après l'avoir bousculé, faire un câlin à sa petite sœur après un manque de gentillesse... Lorsque la réparation est complétée, la punition est terminée et on passe à autre chose.

Cette méthode permet à l'enfant de corriger le tir de façon positive tout en préservant son estime de soi. Le message qu'on lui envoie alors est le suivant : « Tu as fait une erreur (*ce qui est normal puisqu'il est en apprentissage*) et maintenant, tu la corriges et essaies de ne plus la refaire ! »

Un dernier point, il ne faut pas utiliser abusivement des conséquences, sans quoi elles perdront leur effet : les enfants deviendront « immunisés ». Un excès risque aussi d'atteindre leur estime de soi. Nous devons donc leur donner une certaine marge de manœuvre adaptée à leur groupe d'âge et à leur niveau d'autonomie.

Quelles sont les méthodes d'intervention à éviter ?

Si certaines conséquences sont à privilégier, d'autres peuvent nous sembler efficaces sur le moment, mais sont totalement déconseillées pour le bien-être de notre enfant.

Le dénigrement (violence verbale)

Des règles imposées dans un climat constamment négatif peuvent sérieusement hypothéquer l'estime de soi d'un enfant. Il faut absolument éviter les insultes ou les commentaires dégradants ; même lorsqu'ils sont dits sans agressivité ni méchanceté volontaire, ils finissent par donner l'impression à l'enfant qu'il est une mauvaise personne (alors que ce n'est que son comportement qui est inadéquat).

On a parfois l'impression, en tant que parent, que cette méthode a plus d'effet (la provocation le poussera à vouloir changer). IL N'EN EST RIEN ! Au contraire, cela peut même accentuer le comportement non désiré.

Dans toutes nos interventions, nous devons faire sentir à notre enfant que ce n'est pas lui en tant que personne que nous remettons en cause, *mais son comportement*.

Nous devons aussi faire attention de ne pas intervenir devant les autres puisque c'est très humiliant pour notre enfant et que cela ne fera qu'amplifier son désir de s'opposer.

Les répétitions incessantes

Il faut éviter de *répéter* sans cesse la même consigne. Nos enfants connaissent nos limites et le nombre de fois qu'ils peuvent nous faire répéter une demande avant que nous intervenions. Répéter sans cesse, c'est encourager son enfant à prolonger son opposition et, surtout, à ne pas écouter dès la première demande.

Les menaces

Après les multiples répétitions arrivent souvent les menaces :

« Je t'avertis, si tu ne viens pas ranger tes souliers,
je les mets à la poubelle ! »

« Je te préviens, si tu ne vas pas faire ton lit,
tu n'auras plus le droit de jouer à l'ordinateur pour un mois ! »

Ces menaces sont bien souvent des conséquences excessives ou rarement appliquées. Informer un enfant de la conséquence qui l'attend ne constitue pas une menace en soi, mais elle le devient si celle-ci est rarement appliquée ou si elle est farfelue, et cela, l'enfant le perçoit assez rapidement.

Encore une fois, c'est votre crédibilité en tant que parent qui est en jeu lorsque vous appliquez des punitions exagérées.

La fessée

Bien que la fessée soit de plus en plus considérée comme une pratique archaïque, bien des parents se laissent emporter par cette claque « qui est partie toute seule » ou ont parfois le goût d'utiliser ce moyen dans une situation hors de contrôle. Devant un comportement inadmissible ou dérangeant de l'enfant, certains parents deviennent exaspérés, ne savent plus comment réagir ou intervenir ; ils se sentent impuissants et finissent par céder à la colère et à la fessée. Bien que la situation soit compréhensible, le geste, lui, demeure injustifié.

La fessée représente une *perte de contrôle du parent* ou une intervention ultime devant son manque de moyens d'intervention. Elle constitue également un « moyen » de communiquer (inefficacement) à l'enfant son désaccord (les parents ont parfois l'impression que c'est la seule façon de se faire comprendre). Bref, la fessée ou la claque devient un moyen de régler ou de palier un problème de communication ou d'intervention *du parent*.

Cette technique de punition peut parfois sembler donner des résultats *immédiats*, mais ce n'est qu'à *très court terme*. Parce que l'enfant a désormais peur de son parent, il va soudainement (et souvent momentanément) lui obéir et exécuter ce qu'il lui demande, mais les conséquences affectives peuvent être importantes. La fessée représente un geste très humiliant pour l'enfant, un geste qui porte directement atteinte à son estime de soi, tout en brisant le lien de respect et de confiance entre lui et son parent. Face à une intervention physique soutenue, l'enfant aura peur de faire une bêtise, sera méfiant envers les adultes, hésitera avant d'entreprendre quoi que ce soit et risque de se refermer sur lui-même, ce qui n'est certainement pas bénéfique pour son développement.

Les explications excessives

Il faut également éviter de tomber dans des explications excessives. Expliquez concrètement à votre enfant ce que vous attendez de lui, sans entrer dans des discussions interminables et sans lui faire la morale. Les enfants aiment savoir clairement ce que l'on attend d'eux.

L'indifférence et la banalisation

Il est tout à fait contre-indiqué d'ignorer ou de banaliser les gestes ou les comportements indésirables de son enfant (afin d'éviter d'intervenir). Certains parents ont tendance à avoir cette réaction, entre autres, devant un public. Se sentant mal à l'aise, ils tenteront d'atténuer l'effet en riant nerveusement et en s'abstenant d'intervenir. Bien qu'il soit effectivement conseillé de ne pas réprimander son enfant devant un public, il est fortement souhaitable de se retirer avec lui pour intervenir.

Nous ne devons pas non plus démissionner ni laisser tomber notre demande ou notre consigne par manque d'énergie (de temps) ou simplement dans le but d'éviter les conflits.

La discipline représente probablement, pour nous, parents, le plus grand défi à relever et elle exige de nous beaucoup de persévérance. Cependant, les efforts que nous y mettons lorsque notre enfant est en bas âge en valent la peine : à l'adolescence, il sera plus facile de la faire respecter. Nous sommes aussi tous conscients que cette discipline, si elle est bien appliquée et respectée, amènera nos enfants à se comporter adéquatement dans notre famille, mais aussi en société.

Les psy-trucs

1. Prendre conscience qu'un bon encadrement ainsi que des règles et des limites claires sont essentiels au bon développement de son enfant.
2. Commencer tôt afin de lui inculquer progressivement règles et limites : ce sera plus facile dans le futur !
3. Établir des règles adaptées à son âge, simples et clairement expliquées (pas de confusion).
4. Se mettre d'accord entre parents sur les règles à faire respecter.
5. Appliquer les règles avec constance, au quotidien. Ne pas les interdire un jour et les tolérer le suivant, sinon l'enfant sera confus.
6. Accepter comme un comportement normal que l'enfant défie occasionnellement les règles ou qu'il s'oppose aux demandes parentales, mais ne pas succomber pour autant.
7. Éviter de répéter plusieurs fois avant d'intervenir.
8. Informer son enfant des conséquences attendues en cas de non-respect des consignes et les appliquer, le cas échéant.
9. Privilégier des punitions telles que la réflexion (sans isolement), le retrait de privilèges et la réparation.
10. Éviter les punitions telles que l'isolement, les punitions physiques ou affectives et l'humiliation.
11. Ne pas abuser des conséquences, sinon elles perdront vite leur effet et atteindront l'estime de soi de l'enfant.
12. Faire du renforcement positif : féliciter son enfant pour ses bons comportements !

Comment donner le goût de l'effort à son enfant ?

La persévérance

Les questions que tout parent se pose :

* Pourquoi ce manque d'effort, de volonté ou de persévérance ?
* Que signifie « donner le goût de l'effort » ?
* Comment aider mon enfant à développer sa persévérance ?

« Je ne suis pas capable ! », « Je suis fatigué de faire ça ! », « Je n'ai plus envie de continuer ! », « Ça me tente pas ! », « À quoi ça sert, de toute façon ? » Combien de fois n'avons-nous pas entendu ces mots de la bouche d'enfants qui n'avaient pas le goût de fournir les efforts requis par une tâche ou de persévérer dans une activité ? Nous sommes parfois découragés devant leurs multiples tentatives de se défiler lorsqu'ils doivent travailler un peu plus que d'habitude ou qu'ils n'obtiennent pas ce qu'ils veulent instantanément. Bien que nous soyons convaincus de l'importance du travail et de la persévérance pour réussir dans la vie, ce n'est pas toujours le cas de nos chers enfants ! Ils ont plutôt la tête aux loisirs et privilégient trop souvent la « loi du moindre effort » ! Nous devons donc, nous aussi, faire preuve de persévérance et déployer tous les efforts requis pour faire passer le message !

Pourquoi ce manque d'effort, de volonté ou de persévérance ?

On a l'impression que nos jeunes sont moins persévérants que les générations précédentes et qu'ils s'attendent toujours à obtenir ce qu'ils veulent rapidement, sans trop d'efforts. Plusieurs facteurs peuvent expliquer cette tendance. En voici quelques-uns.

La société fast-food

Nous ne devons pas sous-estimer l'influence de la société dans laquelle nos jeunes évoluent et des valeurs qui y sont véhiculées. À l'ère du zapping, du « tout, tout de suite », de la vitesse, de l'accès facile et rapide à toute information désirée sur Internet et de la réussite instantanée véhiculée dans les médias, l'effort et la persévérance ne sont certainement pas des valeurs qui ont la cote ! Le rythme de vie effréné qui rend quasi insupportable toute attente et dans lequel nous ne voyons que le produit final (sans nous rendre compte des efforts faits pour y arriver), encourage cette intolérance et ce manque de persévérance. Et cela est encore plus flagrant chez nos jeunes.

Des traits de caractère

Quelques traits de personnalité peuvent expliquer la tendance à se plier à cette « loi du moindre effort ». Certaines personnes ont en effet naturellement (et involontairement) une attitude réfractaire à l'effort et à la persévérance. Elles peuvent être impatientes, avoir une faible tolérance à la frustration, être plus ou moins perfectionnistes ou posséder tout simplement une nature peu vaillante. Toutes ces caractéristiques peuvent certainement freiner leurs ardeurs devant une situation particulièrement difficile ou exigeante.

Un apprentissage !

Il faut aussi dire que faire des efforts, ce n'est pas inné. Personne n'aime vraiment cela, et encore moins les enfants qui, de nature, sont plutôt axés sur le plaisir et la satisfaction immédiate. Donc, le goût de l'effort ne leur vient pas naturellement : *c'est un apprentissage* ou une prise de conscience que seuls les adultes (les parents) peuvent leur inculquer, progressivement.

Nous sommes malheureusement nous-mêmes pris dans la tourmente d'une vie au rythme effréné et tombons facilement dans le piège du moindre effort. Attacher les lacets de notre enfant qui éprouve de la difficulté (au lieu de lui laisser le temps de le faire tout seul), corriger ses fautes au fur et à mesure quand il fait ses devoirs sans lui laisser la chance de se corriger (parce que c'est plus rapide ainsi!), tous ces petits gestes contribuent à développer chez l'enfant ce réflexe de laisser tomber rapidement ou de faire appel aux autres dès qu'un effort est nécessaire.

Un manque de confiance?

L'effort est aussi un facteur d'estime de soi. Certains enfants refusent de faire les efforts requis pour arriver aux résultats escomptés parce qu'ils ne se croient pas capables, de toute façon, d'y arriver. Ils ont le sentiment que c'est peine perdue. Leur manque de confiance en leurs capacités de réussir freine toute motivation à travailler fort et à persévérer.

Le refus de faire des efforts peut également cacher une peur d'échouer. Les enfants pour qui les exigences et les attentes sont toujours très élevées, pour qui les parents placent sans cesse la barre très haute (trop haute) peuvent finir par perdre confiance et par ressentir une pression qui étouffera chez eux tout désir de réussir. C'est vrai dans tous les domaines, y compris dans les sports et à l'école. Ainsi, devant une tâche ou une épreuve difficile (et pour laquelle le risque d'échec est donc plus grand), certains enfants sous pression n'oseront plus s'investir, préférant abandonner plutôt que de vivre un échec.

Que signifie « donner le goût de l'effort » ?

Faire un effort consiste à vaincre une résistance (intérieure ou extérieure) afin de surmonter une difficulté ou d'atteindre un objectif. Cela exige une certaine volonté, voire des sacrifices, surtout pour les enfants, pour qui cette notion n'est pas innée. Donner le goût de l'effort à notre enfant, c'est lui apprendre à être patient, à persévérer, à se dépasser et à accepter que le résultat ne soit pas toujours facilement atteignable et immédiat. C'est également lui permettre de vivre des réussites : plus on fait d'efforts, plus la satisfaction est grande et plus on en ressent de la fierté. Souvenez-vous des yeux remplis de joie et de fierté de votre enfant lorsqu'il a réussi pour la première fois à enfourcher son vélo seul, à force d'acharnement!

Donner le goût de l'effort à son enfant, c'est donc une question d'éducation. C'est lui faire comprendre ou réaliser qu'on n'a rien sans rien dans la vie, que la réussite ne s'obtient pas par magie et que les résultats de nos efforts en valent largement la peine.

« Le génie est fait d'un pour cent d'inspiration et de quatre-vingt-dix-neuf pour cent de transpiration. »
— THOMAS EDISON

La volonté de fournir des efforts et la persévérance sont des attitudes positives très importantes pour atteindre les buts fixés. C'est un apprentissage qui commence en très bas âge et qui permettra à notre enfant de surmonter les épreuves qui surviendront, et ce, tout au long de sa vie.

Comment aider mon enfant à développer sa persévérance?

L'effort et la persévérance peuvent être enseignés progressivement dès l'âge de 2 ou 3 ans, soit au moment où l'enfant est prêt à acquérir de l'autonomie, par exemple lorsqu'il veut attacher lui-même ses chaussures, qu'il veut manger tout seul, qu'il commence ET finit un jeu ou un casse-tête... Nous lui apprenons le sens de l'effort en lui laissant le soin de faire ces différentes tâches par lui-même, en le guidant (si cela est nécessaire), en exigeant qu'il termine ce qu'il commence, sans succomber à la tentation de tout terminer pour lui.

Certains parents ont tendance à intervenir dès que leur enfant a de la difficulté ou qu'il manifeste des signes d'impatience, de chagrin ou de frustration devant une tâche un peu plus difficile. Voici pourquoi:

✱ Ils refusent de voir leur enfant grandir ou trouvent cela vraiment très difficile. Ils n'ont pas conscience des capacités de leur enfant et tiennent pour acquis qu'il ne peut pas faire sa tâche tout seul. D'ailleurs, en tant que parents, nous nous faisons parfois ramener à l'ordre par des gens de notre entourage qui sont plus objectifs que nous : «Jérémy ne fait pas son lit tout seul? Il a pourtant 8 ans!», «Pourquoi ne laisses-tu pas Méliane préparer son sac d'école elle-même? Elle est capable!»;

＊ Ils sont motivés par la valorisation que cela leur procure; ils se sentent comblés, comme parents, d'être «indispensables» aux yeux de leur enfant: «Bon d'accord, je vais ranger tes jouets pour toi!», «Laisse tomber, tu sais bien que c'est moi qui fais toujours ton lit le matin!»;

＊ Ils ont l'impression que le fait de demander à leur enfant de tels efforts ou de le laisser se débrouiller tout seul peut le rendre malheureux. Ils se sentent donc coupables. Pourtant, l'effort demandé n'est qu'un désagrément temporaire. Guider son enfant ou l'encourager à poursuivre cet effort ne le rendra certainement pas carencé ni malheureux! Les bénéfices compenseront largement le travail consenti lorsque l'enfant aura compris que la réussite et la fierté qui s'ensuivent en valaient la peine!

Bien sûr, il n'est pas facile d'inculquer le goût de l'effort et le sens du travail à notre jeune, notamment parce que, comme tous les enfants, il vit dans le moment présent. Cet apprentissage demande beaucoup d'efforts, de patience et de persévérance de notre part. Voici quelques conseils pour vous aider sur ce plan.

Expliquer (souvent) à son enfant pourquoi les efforts sont bénéfiques

Ne vous contentez pas simplement de sermons ou de paroles vides de sens telles que: «Il faut faire des efforts dans la vie, c'est comme ça!», sinon votre enfant ne comprendra pas la nécessité (immédiate) de fournir un effort. Appuyez votre explication d'exemples concrets: vos propres efforts, vos difficultés et même les échecs que vous avez dû surmonter avant d'obtenir votre diplôme, les heures de répétition que son grand cousin, qu'il admire, a dû mettre avant de bien jouer de la guitare... Décrivez-lui les résultats et les avantages qu'il peut espérer obtenir. Amenez-le à prendre conscience du bien-être qu'il pourra éprouver à la suite de ses efforts: «Tu te sentiras tellement fier de montrer ta chambre propre et bien rangée à tes amis», «Si tu continues à répéter ta pièce au piano, tu pourras la jouer devant toute la famille dimanche prochain ! » Aidez-le également à prendre conscience de la satisfaction qu'il ressentira du simple fait d'avoir réalisé quelque chose : faire son pouding, plonger pour la première fois dans la piscine... Surtout, expliquez-lui qu'il doit fournir un effort, non pas pour vous, ses parents, mais pour lui, pour être grand dans sa tête !

Lui donner des tâches

Beaucoup d'enfants n'effectuent aucune tâche à la maison. Dommage ! En donnant à votre enfant l'occasion de faire certains travaux (sous votre supervision au début, afin de le guider ou de l'aider, si cela est nécessaire), vous lui permettez de prendre confiance en lui et de développer son sens du travail accompli. Passer l'aspirateur, ranger sa chambre, faire son lit, aider à ranger l'épicerie ou à desservir la table, tous ces petits travaux constituent autant d'occasions de l'entraîner progressivement à faire de petits efforts.

Éviter de tout faire à sa place

Quand un enfant n'arrive pas à faire une tâche, nous avons parfois tendance à la faire à sa place pour gagner du temps, pour éviter les problèmes ou parce que c'est plus simple comme ça ! Ce n'est certes pas une bonne façon de lui inculquer le sens de l'effort ! C'est évidemment une erreur puisque nous le privons de l'occasion d'accomplir quelque chose et d'en éprouver un sentiment de satisfaction. Il faut donc travailler AVEC lui et non pas POUR lui !

Apprendre à son enfant à terminer ce qu'il commence

Vous avez peut-être, comme bien des parents, vécu la situation suivante : à la demande de votre enfant, vous l'inscrivez à une activité parascolaire (hockey, natation, soccer...), puis, quelques mois plus tard, il manifeste son désir d'abandonner. Que faire alors ? N'acceptez pas son abandon. Votre enfant doit en effet apprendre que, lorsqu'on commence quelque chose, on doit aller jusqu'au bout.

En tant que parent, votre rôle consiste à le soutenir et à l'encourager à poursuivre jusqu'à la fin. Si son désir d'abandon n'est pas lié à la nécessité de faire des efforts ou de persévérer, mais plutôt à un manque d'intérêt (il s'est aperçu en cours de route qu'il n'aimait pas vraiment ça), il serait alors justifié de ne pas le réinscrire l'année suivante, mais il est important de l'inciter à poursuivre la présente session jusqu'à la fin.

Apprenez-lui également à terminer les tâches qu'il entreprend : il a commencé son devoir de mathématiques, alors il doit le terminer ; il a entrepris le ménage de sa chambre, alors il ne doit pas s'arrêter dès qu'il le souhaite. L'objectif est de lui apprendre à persister jusqu'à la réussite.

Morceler les projets ou les défis en petites étapes

Subdivisez certains travaux ou projets en différentes étapes ou en mini-objectifs, afin qu'ils soient plus faciles à atteindre pour votre enfant. Il risquera moins ainsi de se sentir découragé ou démotivé. Préférablement, optez pour des activités relativement simples, courtes, dont vous pourrez augmenter progressivement la durée et le degré de difficulté (donc l'effort) au gré de ses réussites. Mieux vaut un enfant satisfait d'avoir passé l'aspirateur dans le salon qu'un enfant découragé de devoir le passer à l'étage au complet !

Aider son enfant à percevoir positivement les défis et les échecs

Qui dit apprentissage, dit réussites et... échecs ! Lorsque votre enfant connaît un échec, minimisez-en les conséquences afin qu'il demeure motivé à faire les efforts requis la prochaine fois. Il sera alors moins hésitant à relever les défis suivants. Évitez par conséquent de le gronder ou de lui faire des remarques négatives quand il n'arrive pas à faire quelque chose par lui-même. Encouragez-le plutôt dans ses efforts... même si le résultat n'est pas tout à fait à point !

Ne pas être trop exigeant !

Évitez d'être trop exigeant ou perfectionniste envers votre enfant, sinon il risque de développer la peur de l'échec. La pression de réussir et la peur de décevoir ses parents risquent en effet d'étouffer chez lui tout désir de consacrer à une prochaine tâche les efforts qu'elle requiert. Les parents doivent mettre de côté toute attente de perfection et accepter que leur enfant fasse les choses à sa manière et à son rythme.

Encourager les activités sportives

Les activités sportives représentent le domaine par excellence pour enseigner la persévérance, car elles nécessitent efforts et travail sans relâche. Lorsqu'il fait du sport, le jeune doit s'entraîner et s'améliorer constamment. C'est une très bonne école pour développer le sens de l'effort et la persévérance.

Valoriser tant les efforts que les résultats

Comme parents, nous avons tendance à encourager ou à féliciter nos jeunes seulement au moment où ils obtiennent le résultat recherché, alors qu'il est aussi important de le faire tout au long de leur cheminement, lorsqu'ils travaillent et qu'ils persévèrent. N'hésitez pas à féliciter votre enfant pour les efforts (grands et petits) qu'il a faits, et ce, même s'il n'est pas encore parvenu au résultat : « Tu fais du bon travail ! », « Lâche pas, tu t'améliores ! », « C'est beaucoup mieux comme ça, continue ! », « Super ! Tu fais vraiment des progrès ! », « Je suis très fier de toi ! Tu travailles vraiment fort, aujourd'hui ! »

Encourager son enfant à persévérer

Enseigner la persévérance à son enfant et le guider dans sa démarche, voilà une façon efficace de le motiver et de lui donner la chance de réussir : « Lâche pas mon grand, tu vas y arriver, t'es capable ! », « Tu peux peut-être essayer de cette manière... »

> « La persévérance, c'est ce qui rend l'impossible possible,
> le possible probable et
> le probable réalisé. »
> — Robert Half

C'est à nous, parents, d'encourager et de soutenir notre enfant dans cet apprentissage de l'effort et de la persévérance, qui va de pair avec l'apprentissage de son autonomie. Un enfant qui réussit à force d'acharnement, de ténacité, d'essais et d'erreurs en sort doublement grandi et, surtout, ressent un niveau de satisfaction qui lui donnera le goût de recommencer.

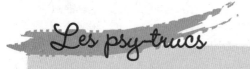

Les psy-trucs

1. Enseigner à son enfant l'importance de faire des efforts et l'informer des bénéfices qu'il peut en tirer. Lui faire comprendre que la réussite ne s'obtient pas par magie et que les résultats (fierté, confiance, impression de grandir, entre autres) valent largement les efforts consentis.
2. Donner à son enfant des tâches à faire à la maison. Elles constituent autant d'occasions de l'entraîner progressivement à faire de petits efforts.
3. Éviter de tout faire à sa place, sous prétexte que c'est plus rapide et facile ainsi.
4. Encourager son enfant à persévérer en le guidant et en évitant à tout prix de terminer les choses pour lui, au moindre obstacle ou à la moindre difficulté.
5. Lui apprendre à terminer ce qu'il a commencé. Ne pas tolérer qu'il abandonne une activité sportive ou parascolaire en cours de route.
6. Diviser les projets en plus petites étapes (plus faciles à atteindre). Augmenter progressivement leur durée et leur complexité.
7. Ne pas être trop exigeant ni perfectionniste. Des attentes trop élevées risquent de le décourager à faire des efforts ou même de développer chez lui la peur de l'échec.
8. Valoriser tous les efforts effectués au fur et à mesure, et ce, même si le résultat n'est pas tout à fait atteint.

Le déficit de l'attention et l'hyperactivité

Les questions que tout parent se pose :

* Qu'est-ce que le déficit de l'attention ?
* Qu'est-ce que l'hyperactivité ?
* Quelles en sont les causes ? Est-ce héréditaire ?
* Comment détecter les signes du déficit de l'attention avec ou sans hyperactivité (TDAH) ?
* Quelles sont les conséquences du TDAH ?
* Comment établit-on le diagnostic du TDAH ?
* Quelles sont les solutions pour mon enfant ?
* Quel est le rôle des médicaments et quels sont leurs effets ?
* Est-ce pour la vie ?

Samuel a 7 ans et il a énormément de difficulté à demeurer en place. Il bouge sans arrêt, se tortille, touche à tout et parle rapidement. Il est impulsif et perturbe fréquemment la classe. Mélanie, au contraire, est très calme et ne manifeste aucun problème de comportement particulier. Ses notes à l'école ne sont pas élevées, toutefois. Elle est un peu lunatique et réservée, a de la difficulté à suivre en classe et n'arrive pas à se concentrer sur quelque chose plus de 10 minutes. Bien qu'ils aient des comportements bien différents, ces deux enfants souffrent peut-être du même trouble : le déficit de l'attention.

Qu'est-ce que le déficit de l'attention ?

Le déficit de l'attention est généralement désigné par le sigle TDAH (trouble de *dé*ficit de l'*at*tention avec ou sans *h*yperactivité). C'est un problème neurologique qui se manifeste dès l'enfance. Pour savoir si un enfant est atteint de ce trouble, on doit déceler chez lui au moins deux des trois caractéristiques suivantes :

Inattention (problème de concentration)

Impulsivité

Hyperactivité

Ces comportements (que l'on peut observer également chez certains adolescents et adultes), doivent être présents de façon *marquée et prolongée* (sur une période minimale de trois mois) pour être associés au TDAH.

Selon les experts, ce trouble a toujours existé et il expliquerait les difficultés scolaires de bien des personnes des générations précédentes qui, pourtant, avaient un bon potentiel intellectuel pour réussir ! Aujourd'hui bien connu, le TDAH toucherait environ 5 % des enfants, dont quatre fois plus de garçons que de filles. D'ailleurs, les filles sont plus difficiles à diagnostiquer puisque leur déficit de l'attention n'est généralement pas accompagné d'hyperactivité (ou celle-ci est très légère).

Habituellement, on établit le diagnostic du TDAH lorsque les enfants ont entre 4 et 6 ans, alors que leurs symptômes deviennent plus problématiques ou « apparents » (surtout en groupe) et entraînent des difficultés scolaires évidentes. Il est à noter que les enfants atteints du TDAH risquent trois fois plus que les autres de vivre un échec scolaire, d'où l'importance d'en faire le dépistage assez tôt.

Qu'est-ce que l'hyperactivité ?

Un enfant hyperactif est d'abord un enfant qui souffre du trouble déficitaire de l'attention ET qui présente une agitation excessive et incontrôlable. L'hyperactivité est donc une des manifestations de ce trouble.

Certains enfants ayant un TDAH présentent peu ou pas de signes d'hyperactivité : ils sont plutôt calmes et lunatiques, perdent ou oublient leurs effets scolaires et sont incapables de maintenir leur concentration sur quelque chose très longtemps. D'autres enfants, par contre, présentent des problèmes d'agitation très importants *en plus* des problèmes de concentration.

Toutefois, il faut être prudent et éviter de voir des « hyperactifs » partout ! Un enfant agité ou turbulent n'est pas nécessairement hyperactif. Le TDAH n'a rien à voir avec des épisodes passagers d'agitation, de crises ou d'opposition qui sont si fréquents chez la plupart des enfants d'âge scolaire. Un enfant hyperactif a non seulement des problèmes d'agitation excessive, *mais également des problèmes de concentration, d'attention et d'impulsivité.*

Quelles en sont les causes ? Est-ce héréditaire ?

Rassurez-vous : le TDAH chez un enfant n'est pas provoqué par l'éducation qu'il a reçue ou par un quelconque manque d'attention de la part de ses parents quand il était plus jeune ! C'est plutôt un trouble neurologique. L'enfant est donc né comme ça, tout simplement !

Le TDAH est provoqué par une carence de neurotransmetteurs (tels que la dopamine ou la noradrénaline) qui affectent les zones du cerveau responsables de la concentration, du sens de l'organisation et du contrôle des mouvements. Bien que ce déséquilibre chimique puisse être causé ou amplifié par certains problèmes lors de la grossesse (drogue ou abus d'alcool, manque d'oxygène du fœtus, prématurité, etc.), il serait hautement héréditaire. En effet, on a constaté que plus de la moitié des enfants atteints du TDAH avaient un parent souffrant ou ayant souffert du même trouble. C'est d'ailleurs souvent en prenant conscience des symptômes du déficit de l'attention de leur enfant que ces parents s'en rendent compte !

Mythes sur l'hyperactivité

Le sucre rend les enfants hyperactifs!

Faux! Contrairement à la croyance populaire, les enfants normaux qui mangent des sucreries ne deviennent pas hyperactifs ni surexcités. Les sucreries n'aggravent pas non plus les symptômes de l'hyperactivité chez les jeunes atteints du TDAH. De nombreuses études ont prouvé que ce lien n'existait pas, donc que le sucre n'avait pas d'effets néfastes sur le comportement de nos enfants. Ce mythe est toutefois difficile à effacer : qui n'a pas déjà vu son enfant se transformer en véritable tornade après avoir dévoré son chocolat de Pâques ou son gâteau de fête?

En fait, il y aurait quelques explications à cela :

*   Certains aliments sucrés (dont le chocolat) et certaines boissons peuvent aussi contenir de la *caféine*, qui a évidemment un effet stimulant, tant chez les enfants que chez les adultes ;
*   Les sucreries sont souvent consommées dans des occasions spéciales : fêtes d'enfants, Pâques, Halloween, visite chez les grands-parents... On peut donc penser que c'est l'*environnement* ou l'occasion spéciale en soi qui est responsable de l'excitation des enfants ;
*   Très souvent, les aliments sucrés sont interdits ou très contrôlés par les parents, ce qui augmente leur attrait. La consommation de ces sucreries peut ainsi susciter de l'excitation chez les enfants qui en sont habituellement privés ;
*   Les parents qui sont convaincus que le sucre est un excitant ont souvent tendance à être plus sensibles aux agissements de leur enfant après qu'il a consommé des aliments sucrés ; ils associent trop rapidement tout comportement d'agitation ou d'excitation à cette consommation, ce qui fausse leur perception. Lors de certaines études, on a même remarqué que les parents à qui on avait dit que leurs enfants avaient mangé du sucre (alors que ce n'était pas le cas) avaient tendance à les trouver plus excités !

Les enfants qui passent des heures devant la télé ou les jeux vidéo ne peuvent pas avoir de déficit de l'attention.
Faux! Même un enfant qui reste concentré pendant des heures devant la télévision ou un jeu vidéo peut souffrir du déficit de l'attention. Ces activités sont très stimulantes (ce sont des supports visuels actifs) et correspondent justement au besoin d'action de l'enfant hyperactif. Ce n'est évidemment pas le cas des jeux plus tranquilles (jeux de société, casse-tête, etc.).

L'activité physique permet d'éliminer les problèmes de TDAH.
Faux! Il est vrai que l'activité physique réduit certains symptômes de l'hyperactivité en stimulant la production de dopamine (ce qui comble la carence). Cet effet est cependant temporaire et s'estompe rapidement après l'effort physique.

Comment détecter les signes du trouble de déficit de l'attention avec ou sans hyperactivité (TDAH)?

Il est difficile de repérer les signes du trouble déficitaire de l'attention et de l'hyperactivité chez notre enfant avant l'âge scolaire puisque, à cet âge, nous voyons généralement sa vivacité de façon positive. Nous le percevons alors comme un bambin dynamique, plein d'énergie, «allumé» ou vif d'esprit. Si, au contraire, il est très tranquille ou lunatique et qu'il a tendance à tout oublier, nous attribuons cela simplement à son bas âge.

Nous réussissons ainsi à prendre le dessus et à gérer à peu près le problème... jusqu'à l'entrée à l'école. C'est alors que les vrais soucis commencent: notre enfant n'obtient pas de bons résultats, vit des problèmes avec ses amis à l'école, affiche des comportements qui perturbent la classe, a de la difficulté à faire ses devoirs, semble inattentif et même... paresseux! Ce sont là des situations qui peuvent nous mettre la puce à l'oreille.

Parmi les signes les plus évidents du TDAH chez un enfant, on note les suivants :

* Il est incapable de rester concentré et est facilement distrait ;
* Il perd ou oublie souvent ses choses ;
* Il a du mal à se concentrer sur les détails et fait souvent des fautes d'inattention ;
* Il passe sans cesse d'une activité à une autre, ne termine rien de ce qu'il entreprend ;
* Il semble toujours dans la lune ;
* Il bouge toujours, ne tient pas en place, change constamment de position (devant la télévision, par exemple), se tortille, remue tout le temps (une jambe, les doigts...) ;
* Il ne reste pas assis longtemps ;
* Il a de la difficulté à se mettre au travail (devoirs, travaux) ;
* Il tolère peu l'ennui ;
* Il est imprudent, inconscient du danger ou des risques (sort de la voiture sans vérifier que la voie est libre...) ;
* Il a de la difficulté à attendre son tour ;
* Il respecte peu les règles ;
* Il évite les activités qui demandent un effort soutenu ;
* Il trouve difficile de jouer tranquillement ;
* Il réagit avec impulsivité et parfois avec agressivité (crises) ;
* Il est impatient, facilement irrité ou frustré pour des riens.

Si votre enfant présente plusieurs de ces comportements depuis longtemps, si ceux-ci se manifestent non seulement à l'école, mais aussi partout ailleurs (à la maison, en visite, au centre commercial) et qu'ils ont un effet négatif sur ses habiletés sociales ou scolaires, alors il serait préférable de consulter un médecin afin de vérifier s'il ne souffre pas du déficit de l'attention et d'hyperactivité.

Quelles sont les conséquences du TDAH ?

Les conséquences sont multiples. D'abord, les enfants hyperactifs ont parfois de la difficulté à s'intégrer socialement et à se faire des amis (ou à les garder!). Leur impatience ou leur impulsivité leur joue parfois des tours. Souvent, ils ont de la difficulté à arrêter de parler, coupent la parole aux amis, ont peine à se concentrer sur les préoccupations des autres, ne sont pas attentifs aux besoins d'autrui et ont de la difficulté à suivre les règles ou à attendre leur tour dans les jeux ou les activités diverses. Bref, ils sont malhabiles socialement et donnent parfois l'impression d'être immatures. Résultat : ils sont fréquemment victimes de rejet (ils ne sont pas invités aux fêtes d'amis, par exemple).

De plus, le trouble de déficit de l'attention rend les enfants vulnérables, car ils sont obligés de mettre les bouchées doubles pour suivre à l'école, mais peuvent difficilement fournir les efforts requis pour se concentrer sur leurs travaux. Les difficultés scolaires sont donc presque inévitables lorsque ces jeunes ne sont pas pris en main. L'*attention* et la *concentration* sont des éléments essentiels à l'apprentissage ; sans eux, il est bien difficile de recevoir, de traiter, de comprendre et de mémoriser toute l'information. Ces difficultés amènent inévitablement des retards, qui s'accumuleront progressivement, parfois jusqu'à l'échec scolaire.

Comme les enfants atteints du TDAH ont de la difficulté à rester longtemps concentrés sur quelque chose, ils ont tendance à passer sans cesse d'une activité à une autre, sans terminer ce qu'ils entreprennent. Cette attitude est malheureusement trop souvent perçue comme un manque de volonté ou d'intérêt, comme de la nonchalance ou même comme un signe de paresse ! Ces jeunes éprouvent aussi énormément de difficulté à fournir des efforts supplémentaires pour faire leurs devoirs et leurs leçons, au grand désespoir de bien des parents à bout de souffle, d'énergie et de patience. S'ensuivent alors les crises, les pleurs, les réprimandes, les jugements...

Voilà des situations éprouvantes pour des enfants, surtout si elles sont vécues à répétition. À force de vivre des difficultés scolaires et de recevoir constamment des jugements ou des réprimandes en raison de leurs comportements dérangeants (qu'ils ne contrôlent pourtant pas !), ils risquent de cultiver une mauvaise image d'eux-mêmes et de développer un sentiment d'incompétence, c'est-à-dire la perception qu'ils ne sont « pas bons » et qu'ils ne peuvent réussir ce qu'ils entreprennent. (Voir « Pas toujours facile l'école ! Les difficultés scolaires », à la page 65.)

Quand le TDAH n'est pas traité assez rapidement, c'est l'estime de soi et la confiance de votre enfant qui en sont affectées et ce, peut-être pour la vie. C'est pourquoi il vaut mieux consulter le plus tôt possible, afin d'obtenir le bon diagnostic.

Comment établit-on le diagnostic du TDAH ?

Évidemment, ce n'est pas parce qu'un enfant a la bougeotte, qu'il ne tient pas en place et qu'il est quelque peu turbulent en classe qu'il souffre d'hyperactivité pour autant ! Cette hypothèse, toutefois, peut être avancée par les adultes qui le côtoient : l'enseignant, la gardienne, les grands-parents... et même les parents, à l'occasion. Par contre, si ces comportements entraînent des difficultés sociales ou scolaires, alors une consultation s'avère probablement nécessaire.

Quoique les symptômes du TDAH puissent apparaître avant l'âge de 3 ans sous forme d'hyperactivité, la plupart du temps, le diagnostic n'est pas établi avant l'âge scolaire. Il n'existe malheureusement pas de test médical ou psychologique qui permette, à lui seul, de diagnostiquer le TDAH. C'est pourquoi il est nécessaire de faire appel à différents professionnels – médecin, psychologue ou pédopsychiatre – qui prendront les mesures nécessaires pour faire une évaluation claire et précise.

L'hyperactivité, un trouble à la mode ?

Certains pensent, à tort, que le diagnostic d'hyperactivité peut être établi très rapidement et que la médication est tout simplement devenue la solution facile ou la bouée de sauvetage idéale pour les parents essoufflés ou le système scolaire sous pression. Il n'en est rien. Ce diagnostic n'est pas pris à la légère et la démarche est suivie avec rigueur, tout particulièrement au Canada et dans plusieurs pays européens dont la France.

Cependant, dans certains pays, les critères de diagnostic ne sont pas tout à fait les mêmes et il arrive que la médication soit utilisée pour une « hyperactivité » qui n'est pas nécessairement liée à un déficit de l'attention (TDAH) médicalement diagnostiqué, ce qui alimente le débat.

Certaines personnes ont également l'impression qu'il y a une épidémie de TDAH ou d'hyperactivité ! Ce n'est évidemment pas le cas non plus. Ce trouble est médicalement reconnu et touche toujours environ 5 % des enfants (un ou deux enfants par classe). Il est vrai que l'hyperactivité constitue un sujet d'actualité très médiatisé et un des motifs les plus fréquents de consultation en psychologie de l'enfant, mais cette recrudescence est en partie attribuable au fait que nous avons, aujourd'hui, de meilleures connaissances sur ce trouble et, surtout, *de meilleurs outils pour le dépister*. Le TDAH existait probablement tout autant avant sa « découverte » officielle et aurait peut-être expliqué les difficultés scolaires de certains de nos parents ou grands-parents !

Dans le processus d'évaluation du TDAH, il est important de préciser que c'est le médecin traitant qui émettra le diagnostic final, basé sur les différentes évaluations et observations de tous les professionnels consultés. L'évaluation globale commence d'abord par certains tests médicaux, qui permettront de s'assurer que les symptômes ne sont pas attribuables à d'autres causes. Les troubles de la vue ou de l'audition, les problèmes de la thyroïde ou l'épilepsie peuvent en effet provoquer des symptômes similaires à l'hyperactivité. En observant attentivement l'enfant, en évaluant ses capacités, son langage, ses performances et en faisant passer un test de QI, il est possible d'éliminer toutes les autres causes qui pourraient expliquer son agitation. Il est peut-être turbulent parce qu'il est dépressif, parce qu'il vient de vivre une séparation ou un deuil, parce qu'il a un QI inférieur à la moyenne ou un trouble d'apprentissage et ne comprend pas bien ce qu'on lui demande.

Une fois toutes ces possibilités éliminées, différents spécialistes entreprendront leur évaluation. Pour établir qu'un enfant est atteint du déficit de l'attention, il faut que des critères précis et définis par certaines classifications internationalement reconnues, comme celle qui est proposée dans le DSM-IV (*Manuel diagnostique et statistique des troubles mentaux*, quatrième édition) soient respectés. Plusieurs tests psychométriques et des questionnaires (comme le Conner) permettront de recueillir des données sur l'enfant ainsi que le maximum d'informations de la part de la famille et/ou de l'enseignant. L'analyse de toutes ces réponses et des résultats permettra d'établir si l'enfant présente un ou plusieurs symptômes liés au TDAH.

Il est important de préciser qu'on ne peut pas établir un diagnostic de TDAH au moyen d'une seule rencontre. Cet exercice nécessite plus d'une intervention et des consultations avec plusieurs intervenants (parents, enseignant, psychologue et médecin). Il faut tenir compte d'un ensemble de données liées non seulement à l'enfant, mais aussi à son milieu de vie.

Quelles sont les solutions pour mon enfant?

Voilà! Le diagnostic médical est tombé: toutes les observations et tous les tests effectués indiquent que votre enfant souffre du trouble de déficit de l'attention. C'est une nouvelle qui provoque plein d'émotions en vous, comme chez tous les parents: tristesse, déception, culpabilité, crainte pour l'avenir de l'enfant... Pour la majorité des parents, la première chose à faire est d'encaisser ou d'accepter la nouvelle. Certains devront se libérer de leur sentiment de honte et laisser leur fierté parentale de côté (l'image parent-enfant parfaite). D'autres devront se défaire de leurs sentiments de culpabilité ou de responsabilité et comprendre que leur enfant est né comme ça... Quoi qu'il en soit, il faut avancer et s'adapter à la situation.

* **Comment réagir?** En mettant en place, le plus rapidement possible, un plan d'intervention adapté aux besoins de l'enfant afin de lui donner toutes les chances d'évoluer comme tous les autres jeunes de son âge.

>

> ✳ **Pourquoi intervenir ?** Parce qu'un enfant qui n'est pas traité court un grand risque de vivre des expériences de vie négatives, qui peuvent influer sur son estime de soi et sa confiance en soi, et ce, pour le reste de sa vie.

Ce dernier énoncé est prouvé statistiquement : les enfants atteints du TDAH qui ne sont pas traités présentent un risque accru...

✳ de vivre des échecs scolaires (qu'ils pourraient pourtant éviter) ;
✳ de présenter des comportements antisociaux (opposition, provocation, colère, obstination) ;
✳ d'avoir des relations difficiles avec leurs amis et leur famille (allant jusqu'au rejet) ;
✳ de développer de l'anxiété (allant même jusqu'à la déprime).

De plus, si ces réactions entraînent constamment des réprimandes, des punitions ou des jugements négatifs de la part de leur entourage, comment réussiront-ils à acquérir ou à préserver une bonne image d'eux-mêmes, à avoir confiance en leur capacité de réussir ?

Pas de doute, il faut intervenir ! Voici quelques pistes à cet effet.

Comprendre le TDAH

Pour aider notre enfant atteint du TDAH, nous devons d'abord comprendre ce qu'est ce trouble, en saisir les causes, les effets et les conséquences. Nous devons comprendre, entre autres, que ses crises, son agressivité ou ses réactions impulsives sont souvent de simples manifestations de son hyperactivité. Ces comportements, qu'il ne contrôle pourtant pas, lui permettent d'augmenter son taux de dopamine : en effet, l'adrénaline générée lors de ces manifestations est un excellent conducteur de dopamine. Cela devient donc pour lui un moyen naturel et inconscient de répondre au déficit de dopamine de son corps. Voilà pourquoi il est si calme et apaisé après une crise de pleurs ou d'agitation. En comprenant ainsi le comportement de notre enfant, nous pourrons mieux l'aider et réagir adéquatement avec toute l'attention, la tolérance et le soutien dont il a besoin.

Sensibiliser l'entourage

Nous devons également sensibiliser les proches de notre enfant afin qu'ils soient conscients du problème et des symptômes qui y sont rattachés. Il ne faut pas oublier que les manifestations de l'hyperactivité touchent la famille entière (les parents, mais aussi les frères et les sœurs). S'ils sont sensibilisés à la situation, la famille, les grands-parents ou l'enseignant pourront mieux comprendre qu'il ne fait pas toujours exprès et adapter leurs interventions en conséquence.

Considérer la médication

Les enfants atteints du TDAH n'ont pas tous besoin de prendre un médicament. La médication est cependant recommandée pour la majorité d'entre eux, surtout pour ceux dont le trouble occasionne des difficultés comportementales, sociales ou scolaires. Ces médicaments sont prescrits seulement par le médecin traitant et sont souvent combinés à une supervision psychologique. (Voir «Quel est le rôle des médicaments et quels sont leurs effets?», à la page 130.)

Considérer les interventions alternatives (psychosociales et comportementales)

Diverses options peuvent aider à contrôler certains symptômes du TDAH, sans que l'on ait recours à la médication. C'est possible généralement lorsque le déficit de l'attention n'entraîne pas de difficultés scolaires ou sociales, ou très peu (par exemple lorsque l'enfant présente des troubles de comportement modérés en classe ou en groupe, qu'il a la bougeotte ou de la difficulté à se concentrer sur ses devoirs, sans pour autant avoir de mauvais résultats scolaires).

Cette approche alternative (qui peut aussi être combinée avec la médication) est généralement constituée de différentes interventions telles que le coaching parental, la rééducation du comportement (psychothérapie) et les suivis en psychoéducation.

Voici également quelques trucs simples pour aider votre enfant atteint du TDAH :

* Maintenez des règles claires et simples. Gardez à l'esprit que vous devrez souvent rappeler à votre enfant les limites permises ;
* Donnez-lui des explications courtes et claires ;
* Établissez un contact visuel lors de vos interventions ;
* Touchez-lui l'épaule, prenez-lui la main, mettez-vous à sa hauteur quand vous voulez obtenir son attention et lui parler ;
* Donnez *une* consigne ou *une* tâche à la fois et vérifiez que celle-ci a été comprise ;
* Préservez son estime de soi en évitant de souligner ses erreurs. La motivation et les encouragements donnent de meilleurs résultats.

Pour soutenir votre enfant atteint du TDAH, un plan d'intervention vous sera proposé par l'ensemble des professionnels concernés (médecin, psychologue et intervenants scolaires) ; ils seront en mesure de vous guider et de confirmer si la médication, entre autres, est nécessaire. La collaboration entre vous et ces professionnels est essentielle à la réussite de ce plan.

Quel est le rôle des médicaments et quels sont leurs effets ?

La médication est recommandée pour la majorité des enfants atteints du TDAH qui présentent des difficultés sur le plan social ou scolaire (ceux dont le quotidien est affecté). Ces médicaments, tels le Biphentin[MD], l'AdderallXR[MD], le Concerta[MD] et le Ritalin[MD], ne sont pas, comme certains le pensent, des calmants. Il s'agit de psychostimulants qui augmentent ou améliorent la production de certains neurotransmetteurs dans le cerveau de l'enfant. Ces neurotransmetteurs agissent comme des médiateurs chimiques ; leur fonction est de transmettre les messages d'un neurone à l'autre. Ils permettent ainsi, avec succès, de minimiser les problèmes d'agitation, de concentration et d'attention chez l'enfant. Leur taux d'efficacité est estimé à 90 % et leurs effets bénéfiques sont importants :

* Augmentent l'attention et la concentration ;
* Améliorent la vitesse et la précision ;
* Améliorent la mémoire à court terme ;
* Diminuent l'agitation ;
* Réduisent le bavardage et les bruits ;
* Augmentent l'autonomie ;
* Améliorent la motricité fine (calligraphie...) ;
* Améliorent la qualité de la lecture ;
* Diminuent l'impulsivité ;
* Réduisent la colère et l'agressivité.

En résumé, la médication améliore globalement la concentration mentale de l'enfant et lui permet de vivre davantage d'expériences positives. Chez certains jeunes, les effets bénéfiques sont impressionnants. Dans bien des cas, on observe une nette hausse des résultats scolaires et une transformation des relations avec les parents, les amis, les enseignants, qui sont désormais beaucoup plus harmonieuses et constructives.

Les effets et le mode d'action de la plupart de ces médicaments à base de méthylphénidate (Biphentin[MD], Concerta[MD], Ritalin[MD]) sont bien connus et font l'objet de recherches depuis de nombreuses années. D'ailleurs, ils font partie des médicaments qui ont été les plus étudiés, étant donné la très forte médiatisation qu'ils ont suscitée. Ces études, effectuées tant en Amérique du Nord qu'en Europe, indiquent qu'ils n'entraînent aucun effet secondaire significatif à long terme, aucune accoutumance ni dépendance, et qu'ils ne favorisent pas la toxicomanie.

Les recherches ont montré également que ces médicaments provoquaient peu d'effets indésirables à court terme et que, pour la plupart des enfants, leurs bénéfices étaient largement supérieurs à ces effets. Parmi ces derniers, on peut noter la perte d'appétit (surtout au repas du midi), certains problèmes de sommeil, des maux de ventre ou de tête, etc. Ces effets indésirables ont aussi tendance à s'atténuer avec le temps.

La dose varie évidemment d'un enfant à un autre; elle est déterminée et ajustée par le médecin, en collaboration avec les intervenants professionnels concernés, en fonction des améliorations observées et des effets indésirables vécus par l'enfant.

La médication corrige les symptômes du TDAH, mais elle ne le guérit pas. Toutefois, elle soulage l'enfant de problèmes comportementaux, familiaux, sociaux et scolaires, tout en lui permettant d'améliorer son estime de soi, sa confiance en soi et la perception qu'il a de lui-même. Tout cela assure un effet bénéfique à long terme sur son développement.

Est-ce pour la vie?

On a longtemps pensé que le TDAH disparaissait à l'adolescence, ce qui est un mythe. En fait, près de 80 % des enfants atteints de ce trouble en souffriront encore à l'adolescence et plus de la moitié d'entre eux garderont certains symptômes à l'âge adulte.

L'agitation motrice semble s'estomper avec l'âge ou est du moins contrôlée (seulement 8 % des jeunes atteints resteraient agités à l'âge adulte). Les autres symptômes, tels que les difficultés de concentration, d'organisation et l'impulsivité, auront tendance à résister.

Chez certains adolescents et adultes, les symptômes persistants occasionneront les mêmes troubles que durant l'enfance: distraction, «bougeotte» des idées, procrastination, difficulté avec la notion du temps (retards), impulsivité... Ils seront parfois perçus comme des gens impulsifs, «à fleur de peau» ou ayant «la mèche courte». Leur besoin de bouger peut être canalisé dans leur travail ou dans les sports; là, ils seront perçus comme des gens très actifs ou dynamiques.

Quelques-uns présenteront des difficultés sociales importantes: personnalité antisociale, agressivité, conflits avec l'entourage, etc.

Ceux qui ont vécu dans leur enfance de graves problèmes liés au déficit de l'attention (par exemple le rejet ou les échecs successifs), courent de grands risques de devenir timides, mésadaptés, de se replier sur eux-mêmes, d'être angoissés ou anxieux. Un adolescent souffrant du TDAH et vivant une telle situation devra recevoir une aide psychologique afin que cela ne devienne pas pour lui un handicap à l'âge adulte.

Les symptômes d'hyperactivité peuvent donc demeurer présents, mais ils seront souvent « compensés » ou adaptés dans la vie courante. L'adolescent et l'adulte pourront même en tirer des avantages en les intégrant dans leur personnalité : les « hyperactifs » sont souvent per-çus dans la société comme des personnes enjouées, dynamiques, spor-tives ou très actives, comme des personnes qui s'affirment, qui foncent et réagissent vite, qui n'ont pas peur du risque ou de prendre le lea-dership... des qualités souvent recherchées dans le monde du travail. D'ailleurs, on trouve beaucoup d'hyperactifs parmi les chefs d'entre-prise, les hommes et les femmes politiques, les animateurs télé et les comédiens...

Les psy-trucs

1. Prendre conscience qu'un enfant agité ou turbulent n'est pas nécessairement hyperactif!

2. Consulter médecin, psychologue et personnel de l'école si son enfant manifeste des signes de déficit de l'attention ou d'hyper-activité. Ces professionnels feront une évaluation complète et précise de la situation.

3. Prendre conscience qu'un enfant atteint du TDAH qui n'est pas traité risque d'éprouver de graves difficultés scolaires et sociales. Ce trouble peut également affecter son estime de soi et sa confiance en soi.

4. Pour aider son enfant hyperactif, comprendre d'abord ce qu'est le TDAH : en saisir les causes, les effets et les conséquences. Sensibi-liser l'entourage afin qu'il comprenne certains de ses agissements, et qu'il soit plus réceptif ou tolérant.

5. Pour contrôler les symptômes du TDAH léger sans avoir recours à la médication, utiliser, au besoin, diverses options alternatives : coaching parental, rééducation du comportement, psychothérapie, etc.

6. Maintenir des règles claires et simples. Prendre conscience qu'il faudra souvent rappeler à son enfant les limites permises.

7. Donner des explications courtes et claires.

8. Toucher l'épaule de son enfant, lui prendre la main, se mettre à sa hauteur quand on veut obtenir son attention et lui parler.

9. Donner *une* consigne ou *une* tâche à la fois et vérifier que celle-ci a été comprise.

10. Préserver l'estime de soi de son enfant en évitant de souligner ses erreurs. La motivation et les encouragements donnent de meilleurs résultats.

11. Favoriser l'activité physique qui réduit certains symptômes d'hyperactivité.

Mon enfant n'a pas d'amis !

La socialisation

Les questions que tout parent se pose :

* À partir de quel âge les amis deviennent-ils importants ?
* Pourquoi mon enfant n'a-t-il pas d'amis ?
* Est-il victime de rejet ?
* Comment l'aider à socialiser et à se faire des amis ?

À l'école, Mathieu se retrouve toujours à l'écart des autres, tout seul dans la cour pendant les récréations ou à la cafétéria. Il se plaint parfois à papa ou à maman qu'il n'a pas d'amis. Noémie, elle, n'a jamais d'amies avec qui jouer. Personne ne vient à la maison et elle n'est pas invitée aux fêtes de ses camarades de classe... Alors que l'amitié prend une place de plus en plus importante pour ce groupe d'âge, il peut être inquiétant, comme parent, de s'apercevoir que son enfant souffre de ne pas avoir d'amis, ou même qu'il peut être victime de rejet.

À partir de quel âge les amis deviennent-ils importants ?

À l'âge préscolaire, la famille comble la plupart des besoins de l'enfant. Puis, vers 6 ou 7 ans, les amis prennent un peu plus d'importance dans sa vie ; ils répondent à son besoin grandissant de socialiser, de se comparer et d'obtenir l'approbation des autres, du groupe. L'école constitue ce milieu de socialisation ; là, il devient de plus en plus important d'avoir un réseau d'amis pour s'épanouir pleinement.

Bien que les amis ne jouent pas encore un rôle aussi grand qu'à l'adolescence, ils occupent tout de même une grande place dans la vie de notre enfant âgé de 6 à 9 ans. Pour lui, être accepté par les autres, être choisi pour faire équipe dans des travaux scolaires ou dans des sports, être sollicité pour jouer à la récréation, être invité à la fête d'amis le week-end et être apprécié par ses camarades représentent des situations très valorisantes, qui lui donneront confiance en lui, lui procureront ce sentiment d'appartenance si essentiel à son bon développement.

Pourquoi mon enfant n'a-t-il pas d'amis?

Il est toujours inquiétant de constater que son enfant n'a pas d'amis, qu'il est souvent seul, ou qu'il est négligé ou même rejeté.

Pour nous, parents, c'est très déchirant d'imaginer que notre enfant puisse être le dernier sélectionné dans les activités, qu'il puisse voir tous ses camarades de classe se faire inviter à une fête – mais pas lui! – ou, lors des travaux d'équipe, qu'il puisse faire le tour de la classe avec le sourire, tentant de faire désespérément des approches pour se trouver un partenaire... mais en vain! Chaque journée d'école peut ainsi s'avérer truffée de situations décevantes, et c'est le cœur rempli de frustrations, d'amertume, de déception qu'il la termine.

Les enfants qui vivent ces situations ont de la difficulté à se faire des amis et en souffrent énormément. Il n'est pas nécessaire d'avoir tout plein de copains : pour un enfant réservé ou timide, un ou deux amis font très bien l'affaire. Mais pour celui qui n'en a pas, pour celui qui est toujours seul, cela peut présenter une grande source de souffrance. Que signifie cette solitude? Pourquoi n'a-t-il pas d'amis?

Une situation temporaire?

Cette situation est peut-être temporaire et attribuable à un déménagement, à un changement d'école ou aux conséquences d'une querelle passagère. En effet, l'amitié est fragile à cet âge-là et il n'est pas rare, dans une cour de récréation, de voir un enfant exclu d'un groupe (à la suite d'une querelle), puis être réintégré la semaine suivante! Les enfants sont également très changeants dans leurs amitiés : untel devient le «meilleur ami» avant d'être remplacé par un autre le mois suivant, et ainsi de suite. Il faut donc parfois faire preuve de patience et laisser le temps arranger les choses.

Une nature solitaire ?

Certains enfants sont assez exclusifs dans leurs amitiés ; souvent, ils n'ont qu'un seul ami (ou en ont très peu) et ne vont pas vers les autres. Il leur arrive de jouer ou de s'occuper tout seuls, d'être dans « leur bulle » ou dans leurs livres... et cela ne semble même pas leur poser de problème ! C'est leur caractère, leur personnalité, tout simplement.

Un problème de timidité ?

Les enfants timides ont de la difficulté à se faire des amis. Leurs comportements les empêchent d'entrer en relation avec les autres : ils évitent souvent de regarder leurs camarades dans les yeux ou de leur sourire, ils n'osent pas saluer les gens, ils ont tendance à se réfugier dans des activités individuelles, ils ne savent pas bien se défendre et les autres peuvent en profiter. Bref, ils développent un réflexe d'évitement ou de fuite, ce qui ne les aide pas à se trouver des amis. (Voir « Une timidité gênante ! », à la page 173.)

Un manque de confiance en soi ?

L'enfant solitaire a souvent une image négative de lui-même. Il craint les jugements ou a peur du ridicule, il est maladroit socialement et les autres s'en aperçoivent assez rapidement. Il y a aussi le cas des enfants surprotégés qui peuvent avoir de la difficulté à gérer les épreuves sociales. Ils sont parfois plus fragiles, plus susceptibles et auront donc tendance à se réfugier ou à s'isoler au lieu d'affronter les situations, ce qui nuit à leurs relations.

Un complexe ?

Certaines caractéristiques peuvent influer sur la popularité d'un enfant. Les enfants beaux ou plutôt imposants physiquement, par exemple, sont généralement favorisés. Un enfant qui est différent peut être négligé par les autres ; la différence est souvent matière à taquinerie ou à raillerie de la part des pairs (poids, habillement, hygiène, problème de langage...). Il est important de minimiser ces différences à la maison. En montrant à son enfant qu'on est fier de lui, on l'aide à se construire une bonne estime de soi, ce qui contribuera à le blinder contre les moqueries. Plus un enfant est serein par rapport à ses petites différences, moins les moqueries l'affecteront; les autres s'en apercevront et cesseront de l'embêter avec ça. Fort heureusement, ces différences ne sont pas l'élément déterminant d'un rejet. Habituellement, ce qui mène à un rejet, ce sont plutôt les comportements sociaux dérangeants d'un enfant. La capacité d'être positif, enjoué, empathique, sympathique envers les autres comblera donc nettement toute différence physique.

De la maladresse sur le plan social ou des comportements inadéquats ?

Les enfants qui possèdent peu d'habiletés sociales (attendre son tour, manger convenablement, être poli, etc.) ont de la difficulté à se faire des amis. Plusieurs sont négligés ou vivent du rejet tout simplement parce qu'ils n'arrivent pas à entrer en relation avec les autres de façon adéquate. La plupart des études montrent que les enfants populaires sont généralement positifs, altruistes, généreux et attentifs aux autres. Ils attendent leur tour avant de parler, savent écouter et percevoir les besoins des autres. Au contraire, ceux qui se comportent de façon agressive, autoritaire, punitive, égocentrique présentent des difficultés sur le plan social et sont parfois victimes de rejet.

Un enfant timide, solitaire, égocentrique ou agressif aura donc plus de difficulté à interagir avec les autres et à bâtir des relations amicales durables. L'élément commun dans tous ces cas est la perception négative ou ce qu'on appelle le *sentiment d'incompétence sociale*. Ce sentiment se manifeste par les éléments suivants:

* l'isolement;
* le réflexe d'évitement ou de fuite;
* le manque de respect et l'impolitesse;
* la passivité, le goût de ne rien faire;
* la difficulté à maintenir une relation amicale (l'enfant ne garde pas ses amis longtemps!);
* l'agressivité, la violence physique ou verbale;

* la gêne, la peur de prendre la parole;
* l'égocentrisme (difficulté à collaborer, à partager...);
* le besoin de tout contrôler, de tout décider;
* l'attitude autoritaire, la difficulté à discuter ou à négocier.

Ce sentiment d'incompétence prédispose l'enfant à vivre des conflits et l'empêche de créer des liens avec ses camarades. Ce jugement négatif qu'il pose sur lui-même risque de persister et d'augmenter si nous n'essayons pas d'améliorer son estime de soi. Nous devons donc l'aider à développer de l'assurance vis-à-vis des autres.

Mon enfant est-il victime de rejet?

On peut diviser les enfants qui n'ont pas d'amis en deux catégories: les «négligés» et les «rejetés». Le jeune négligé, c'est celui qui est gêné, qui est mis à l'écart du groupe (ou se met lui-même à l'écart) et a peu d'initiative; il est souvent solitaire. Le jeune rejeté, lui, vit une tout autre situation: il subit régulièrement les sarcasmes, les critiques, le rejet des autres, et fait parfois l'objet de violence physique ou verbale; on l'appelle quelquefois le «souffre-douleur» ou le «mouton noir».

Il y a deux types d'enfant rejeté: celui qui s'attire l'antipathie des autres par son caractère ou ses comportements désagréables et ses agissements antisociaux, et celui qui n'a rien fait pour mériter un tel sort. Ce dernier est plus petit, plus gros, trop timide, «insécure» ou immature, bref, il présente une différence sur laquelle les autres s'acharnent afin de se valoriser eux-mêmes, de se prouver ou de prouver aux autres qu'ils sont les meilleurs.

Un enfant rejeté ou intimidé est une victime et ce qu'il subit peut avoir de graves conséquences sur son équilibre. Il est souvent stressé et démotivé par l'école; il devient parfois agressif, dort mal ou n'a plus d'appétit; il pleure pour des riens et peut même devenir dépressif. C'est à nous, parents, d'être attentifs à ces changements de comportement et de tenter de cerner le problème.

Si votre enfant est victime de rejet (ou d'intimidation), vous devez intervenir sans tarder puisque cela peut avoir des effets dévastateurs sur lui et lui causer des blessures émotives graves, parfois irréversibles. Les pistes suivantes vous aideront à cerner le problème et à trouver des solutions.

* **Interroger son enfant.** Posez-lui des questions sur ses relations avec les amis, sur le déroulement de la récréation, du dîner... C'est le seul moyen de savoir ce qui se passe.
* **Faire preuve d'empathie.** Évitez les jugements accusateurs (« C'est de ta faute, tu aurais dû... ») ou les propos qui banalisent la situation (« C'est pas grave ! », « Tu ferais mieux de t'y faire, tu en verras d'autres... »). Votre enfant a surtout besoin de réconfort, de se sentir écouté et soutenu. Évitez toutefois de le couver puisque cela ne ferait qu'amplifier le problème.
* **Rencontrer son enseignant.** Si vous faites part de vos inquiétudes à l'enseignant, il pourra confirmer certaines situations ou comportements observés ou être attentif et tenter de comprendre ce qui se passe.
* **Comprendre la situation et agir.** À partir des informations obtenues de votre enfant et de son enseignant, vous serez en mesure de comprendre ce qui se passe, les raisons et, surtout, la gravité de la situation. Si le rejet est persistant ou que cela représente carrément de l'intimidation, n'hésitez pas à intervenir et à rencontrer la direction de l'école.

Comment aider mon enfant à socialiser et à se faire des amis ?

Il est important de favoriser la sociabilité de son enfant, pour son bien-être et pour son bon développement, et ce, dès son plus jeune âge, de façon à éviter les situations de solitude ou de rejet qui peuvent le marquer. Comment aider son enfant qui est solitaire ou qui n'a pas d'ami ? Voici quelques conseils :

* **Observer son enfant.** Observez la façon dont votre enfant agit quand il est en groupe, quand il joue avec son frère, sa sœur, ses

143

cousins, les voisins... Il est possible qu'il manifeste certaines attitudes ou qu'il ait des comportements qui repoussent les éventuels amis. En le regardant agir, vous serez en mesure de voir sa capacité d'écoute et de partage, et de constater s'il veut toujours diriger, s'il est mauvais joueur, etc.;

* **Discuter avec son enseignant.** Demandez à son enseignant comment ça se passe dans la classe et dans la cour de récréation. Vous en saurez un peu plus sur l'attitude de votre jeune à l'école et sur la façon d'intervenir pour l'aider;

* **Inviter des camarades à la maison.** Incitez votre enfant à inviter des petits amis à la maison. Au début, planifiez pour lui, à l'avance, des activités structurées, puis, graduellement, laissez-le gérer la situation seul;

* **Aider son enfant à choisir ses amis.** Suggérez à votre bambin de commencer doucement, en repérant, par exemple, des camarades qui sont moins «populaires» ou qui ne sont pas «intégrés» dans un groupe. Ce n'est pas toujours facile de vouloir s'intégrer parmi des camarades qui font déjà partie d'un groupe d'amis populaires (souvent plus «fermé» ou restreint). En commençant par un ou deux amis, il lui sera plus facile de développer ses relations amicales et il pourra augmenter progressivement son groupe d'amis.

* **Inscrire son enfant à des activités.** Suggérez à votre enfant des activités (collectives) qui lui permettront de rencontrer des jeunes de son âge. Ces situations lui donneront l'occasion d'exercer ses habiletés sociales.

* **Éviter de le surprotéger ou de le couver.** N'acquiescez pas à son désir d'éviter les sorties et les situations de relation avec les autres (sous prétexte qu'il est solitaire ou timide, par exemple). Si vous acceptez de ne pas inscrire votre enfant à un cours ou à une activité dans le seul but de le «protéger» ou de ne pas le mettre dans l'embarras, vous ne faites qu'entretenir son problème.

* **Ne pas exercer de pression.** N'ajoutez pas de poids sur les épaules de votre enfant et ne portez pas de jugements négatifs sur lui s'il a de la difficulté à se faire des amis. C'est un apprentissage qu'il n'a pas encore développé, une habileté qu'il peut très certainement acquérir si vous lui en donnez la chance.

En fait, la meilleure façon d'aider son enfant à développer sa sociabilité, c'est de lui permettre d'acquérir :

* une bonne estime de soi ;
* de bonnes habiletés sociales.

L'estime de soi

Les jeunes (tout comme les adultes) qui sont « populaires », qui ont du succès socialement, ont généralement une bonne base d'estime de soi. Un enfant qui a le sentiment d'être inintéressant, d'être laid, de ne pas être aimé, de ne pas valoir grand-chose, n'est certainement pas en mesure de développer de bonnes relations sociales ni d'être apprécié dans un groupe d'amis. Nous avons, comme parents, un rôle primordial à jouer dans la construction de l'estime de soi de notre enfant. Notre attitude, nos regards, nos paroles et nos comportements l'influencent grandement et ont le pouvoir de développer cette estime. (Voir « "Je ne suis pas bon, moi !" L'estime de soi », dans *Les psy-trucs pour les enfants de 3 à 6 ans*.)

Les habiletés sociales

La socialisation d'un enfant commence par l'apprentissage des règles et des habiletés sociales : être poli, respectueux, généreux ; pratiquer le partage, l'entraide, la patience ; faire preuve de respect envers les autres... Les conseils suivants vous permettront de bien guider votre enfant sur ce plan.

* **Donner l'exemple.** Les enfants apprennent beaucoup en imitant les comportements des parents. Si vous êtes vous-même sociable, souriant, accueillant, alors vous pourrez avoir une bonne influence sur votre enfant. À l'inverse, des parents qui sont timides, qui ne saluent pas les gens, qui évitent la fréquentation d'amis et se replient sur eux-mêmes peuvent difficilement inculquer les habiletés sociales à leurs enfants !

* **Apprendre à son enfant à saluer.** Pour aider son enfant à socialiser, la première chose à lui montrer est de saluer les gens : c'est le début de toute interaction sociale ! S'il ne répond pas aux autres (par timidité ou par impolitesse), s'il baisse les yeux ou évite le regard d'autrui, il limite les occasions de se faire des amis et ses camarades auront tendance naturellement à l'ignorer ou à le mettre à l'écart. Enseignez-lui à saluer et à répondre aux salutations, en utilisant le nom du camarade de surcroît : « Allô Charles ! Ça va bien ? », « Salut Émilie ! » N'oubliez pas de le féliciter chaque fois qu'il le fait !

* **Faire des mises en situation.** Si votre enfant éprouve des difficultés à entrer en relation avec ses camarades, préparez-le à l'aide de mises en situation pour qu'il apprivoise certains trucs ou moyens d'entamer des discussions. Demandez-lui le nom de certains camarades avec lesquels il aimerait être ami, de même que des informations sur eux, puis aidez-le à préparer des questions ouvertes sur des sujets qui les concernent ; discutez-en ensemble afin qu'il soit plus à l'aise lorsqu'il sera avec ses amis. Proposez-lui des idées de phrases qu'il pourrait utiliser.

* **Montrer à son enfant à être à l'écoute des autres.** Apprendre à attendre son tour et à être attentif aux autres, voilà qui est primordial pour bien fonctionner en groupe. Les enfants appréciés savent attendre leur tour (avant de parler ou dans les jeux) ; ils sont capables d'être à l'écoute des autres, de respecter leur point de vue. Antoine, qui a 8 ans, se plaignait que personne ne voulait jouer avec lui. Quelques observations ont permis à ses

parents de constater que celui-ci voulait toujours mener les autres à la baguette et leur dire quoi faire. Si Jérôme prenait le temps d'écouter les désirs des autres et apprenait à faire des concessions pour faire plaisir à ses camarades, ces derniers seraient peut-être plus enclins à l'accepter dans le groupe ! Olivier, lui, ne respecte pas les règles de conduite. Dans certains jeux, il a toujours besoin d'être le meilleur, d'être le plus fort. Il est incapable de passer le ballon à un camarade, réagit mal quand il ne réussit pas ou qu'il perd et s'en prend même aux autres ! La seule façon de le corriger, c'est de lui faire prendre conscience de cette attitude et de l'aider à s'améliorer.

✳ **Minimiser ses interventions.** Évitez d'intervenir constamment dans les relations amicales de votre enfant. Laissez-le régler lui-même les problèmes ou les conflits ; cela lui permettra de développer des habiletés sociales fort utiles. Dès leur tout jeune âge, les enfants surprotégés, par exemple, n'ont malheureusement pas souvent l'occasion de faire face à de telles situations, qui exigent de part et d'autre négociations, compromis, conciliation... Lorsque le parent résout toujours le problème à la place de l'enfant, il envoie à ce dernier le message qu'il n'est pas capable de gérer lui-même la situation.

Sourire, saluer, encourager, complimenter, aider, participer, être attentif et ouvert aux besoins des autres, faire des compromis, gérer certains comportements dérangeants, voilà des stratégies efficaces pour s'intégrer dans la société. En aidant votre enfant à prendre conscience des changements qu'il peut faire, en cherchant des solutions avec lui et en le « coachant » adéquatement, vous renforcerez ses habiletés sociales. Tout cela fait partie de son apprentissage de la vie !

Il ne veut pas être mon ami !

Certains enfants devront prendre conscience d'une dure réalité : tout le monde ne peut être son ami ! On ne peut pas forcer l'amitié, celle-ci doit être dans les deux sens. Si un camarade ne veut pas devenir l'ami de votre enfant, il n'y a pas grand-chose à faire, sauf de l'encourager à accepter ce fait et à passer à autre chose. Vous pouvez lui donner des exemples de personnes qui n'ont pas exprimé le désir d'entreprendre une relation amicale avec vous pour l'aider à saisir cette réalité de la vie.

Malgré tout, il se peut que votre enfant éprouve toujours des difficultés à interagir avec les autres, à surmonter sa timidité, à avoir confiance en lui et à modifier certains comportements antisociaux. Si le problème persiste, il serait peut-être bon de consulter un professionnel qui pourra l'aider à vaincre ses difficultés sur le plan social et à trouver des solutions.

Amener son enfant à être à l'aise avec les autres et capable de bâtir des relations amicales qui le combleront pendant toute sa vie scolaire, c'est un immense service à lui rendre. Cela lui permettra, en tant qu'adulte, de vivre harmonieusement en société.

Les psy-trucs

1. Prendre conscience qu'à cet âge, il devient de plus en plus important pour l'enfant d'avoir un réseau d'amis vers qui il peut se tourner afin de combler son désir de s'affirmer, de se valoriser et de s'identifier.

2. Essayer de comprendre pourquoi il n'a pas d'amis. Est-il de nature solitaire? Est-il timide? Manque-t-il de confiance en lui? A-t-il un complexe? Est-il malhabile sur le plan social? Manifeste-t-il des comportements antisociaux?

3. Discuter avec son enseignant et les adultes qui le côtoient afin de mieux comprendre la situation (à l'école, dans la cour de récréation, etc.).

4. Éviter de surprotéger son enfant, de le couver ou d'accepter passivement sa solitude (ce qui pourrait le placer dans un rôle de «victime»).

5. Créer des occasions où il pourra socialiser: inviter des amis à la maison, l'inscrire à des activités parascolaires, etc.

6. Donner l'exemple. Être soi-même sociable, souriant, accueillant pour ainsi avoir une bonne influence sur son enfant.

7. Lui apprendre à saluer et à converser. C'est le début de toute interaction sociale! Mettre l'enfant en contexte, faire des mises en situation pour qu'il prenne confiance en lui.

8. Lui enseigner les règles et les habiletés sociales de base: sourire, saluer, encourager, complimenter, aider, participer, être attentif et ouvert aux besoins des autres, faire des compromis.

9. Consulter un professionnel si, malgré tout, son enfant est malhabile socialement et qu'il éprouve toujours de la difficulté à interagir avec les autres. Cette aide lui sera d'un grand secours maintenant et pour toujours!

Papa et maman se séparent !

Les questions que tout parent se pose :

* Comment annoncer à notre enfant qu'on se sépare ?
* Y a-t-il un âge où la séparation est plus difficile ?
* Comment mon enfant réagira-t-il à la séparation ?
* Comment aider mon enfant à surmonter cette épreuve ?
* Quelles attitudes dois-je adopter après la séparation ?

La séparation des parents est une des expériences les plus difficiles qu'une famille puisse vivre, particulièrement les enfants. Malgré le fait que la séparation et le divorce soient aujourd'hui très fréquents et socialement beaucoup plus acceptés qu'auparavant, cette situation demeure très difficile pour les enfants, qui doivent faire face à une période d'insécurité, de crise et de déstabilisation importante.

Comment annoncer à notre enfant qu'on se sépare ?

Bien que la séparation (et les conséquences qui s'ensuivent) constitue un grand bouleversement pour les membres d'une famille, annoncer la nouvelle à son enfant est sans aucun doute l'épreuve la plus déchirante qui soit, d'où l'importance de s'y préparer adéquatement. Voici quelques conseils à ce propos.

Faire l'annonce quand la séparation est irrévocable

N'informez votre enfant que lorsque la décision est *définitive*, mais avant qu'un des parents quitte la maison. Il n'est pas recommandé de lui en parler sans être sûr ou de l'annoncer trop longtemps à l'avance pour ne pas que l'enfant ressente, au quotidien, une grande insécurité, ne sachant pas ce qui va arriver : « Papa et Maman vont-ils se quitter pour vrai ? Aujourd'hui ? Demain ? »

Une annonce trop hâtive risque également d'entretenir de faux espoirs chez l'enfant : il peut alors sentir une grande pression sur ses épaules et tout faire pour éviter cette séparation. Il n'est pas rare de voir un jeune tenter désespérément de réconcilier papa et maman. Il risque également de développer une grande culpabilité, qui s'intensifiera si ses efforts de réconciliation ne sont pas fructueux. Bref, une annonce de séparation faite longtemps à l'avance risque de miner le moral et le quotidien de toute la famille, mais particulièrement ceux de l'enfant, qui aura certainement de la difficulté à fonctionner normalement.

Annoncer la nouvelle ensemble

Les parents devraient idéalement annoncer la nouvelle *ensemble* et en présence de tous les enfants. Le fait qu'ils puissent l'annoncer *à deux* est beaucoup moins insécurisant pour les enfants et leur envoie le message que, malgré tout, ils continueront à assumer leur rôle de parents à deux. Cela nécessite évidemment un minimum de préparation qui, si elle est réussie, sera une bonne façon de maintenir dans le futur le lien parental requis pour assurer ce rôle. N'oublions pas que la séparation est une rupture du *lien conjugal* seulement et que les deux parents devront, dans la mesure du possible, préserver le lien parental entre eux, et ce, pour le bien des enfants.

Choisir le bon moment

Il faut évidemment choisir un moment approprié pour annoncer une telle nouvelle : un moment calme, à la maison, alors que personne d'autre n'est présent. Évitez les heures de repas ou en soirée (avant d'aller au lit). Prévoyez assez de temps pour être en mesure, par la suite, de récupérer la situation (consoler, réconforter son enfant) ou de discuter de tout ça librement. Le week-end s'avère un choix judicieux ; cela permet de laisser amplement le temps à l'enfant de se remettre de ses émotions et de digérer le tout avant le retour à la garderie ou en classe.

Trouver les bons mots et les bonnes explications

Les enfants doivent recevoir des explications simples et courtes. Évitez donc de fournir des détails inutiles concernant la relation conjugale et les raisons qui vous ont menés à une séparation. L'enfant n'a pas besoin de savoir qui a pris la décision. N'accusez personne non plus. S'il entend des phrases telles que : « On se sépare parce que papa aime une autre femme » ou « Maman s'en va parce qu'elle n'aime plus papa », l'enfant sera porté à en vouloir au parent qui part (alors que, à la base, cela ne le regarde pas).

Toutefois, vous pouvez lui expliquer que papa et maman sont malheureux ensemble, que vous ne vous aimez plus comme des amoureux et qu'au lieu de vous disputer, vous avez décidé de vivre dans des maisons différentes car c'est mieux comme ça... Les raisons précises qui vous ont conduits à la séparation sont des histoires d'adultes qui doivent demeurer entre adultes. De toute façon, l'important pour l'enfant n'est pas vraiment de connaître ce qui a motivé la rupture, mais plutôt de savoir ce qui va se passer après cette séparation.

Rassurer son enfant : il n'est pas responsable !

Votre enfant doit recevoir des explications qui lui permettront de prendre conscience qu'il n'est aucunement responsable de votre décision. Cette prise de conscience est importante puisque la culpabilité est très fréquente chez les enfants lors des séparations. Certains pensent que c'est leur faute, qu'ils ont été trop tannants ou qu'ils n'ont pas écouté leurs parents, d'où l'importance de leur faire comprendre que la séparation est une décision d'adultes et qu'ils n'ont absolument rien à voir avec ça.

Rassurer son enfant : il garde l'amour de ses deux parents

L'enfant a besoin d'être rassuré et d'entendre que ses parents demeureront bel et bien ses parents : « Ta maman sera toujours ta maman, ton papa sera toujours ton papa, ça ne changera jamais. » Il a besoin de savoir que papa et maman l'aiment et continueront de l'aimer pour toujours, même s'ils ne vivent plus ensemble; qu'un papa et une maman ne peuvent pas arrêter d'aimer leur enfant. Il a aussi besoin de savoir qu'il ne sera pas abandonné par l'un ou l'autre, qu'il pourra continuer de voir chacun de ses parents, de lui téléphoner et de lui envoyer des courriels...

Peu importe avec lequel des parents l'enfant se retrouve, il doit être convaincu que l'autre parent l'aime et qu'il demeure accessible malgré la séparation: «Je vais venir te voir ou te chercher fréquemment», «Je vais t'appeler souvent»... Préservez le lien parental pour que votre enfant sache que ses parents sont toujours là, disponibles, et qu'il peut communiquer avec l'un ou l'autre à n'importe quel moment.

Rassurer son enfant sur le déroulement des choses
À l'annonce d'une séparation, les enfants sont souvent tourmentés par ce qui leur arrivera. Il faut donc se faire rassurant sur la façon dont vont se dérouler les choses. Pour cela, fournissez à votre enfant le plus de détails possible lorsque vous répondrez à ses questions. «Est-ce que je vais changer de maison, de quartier?», «Avec qui je vais rester?», «Est-ce que je pourrai encore voir mes amis?», «Combien de nuits chez papa et chez maman?», «Est-ce que je pourrai encore visiter grand-papa et mamie?», voilà ce qui risque de préoccuper votre enfant.

N'hésitez pas à utiliser l'exemple (positif) d'une autre famille ou d'amis qui ont vécu la même situation pour lui décrire la manière dont les choses se sont déroulées et comment ils fonctionnent maintenant.

Éviter de demander à son enfant de choisir
Il est fortement déconseillé de demander à son enfant de choisir avec qui il veut habiter, car cela revient à lui demander de prendre parti, de faire un choix qui est trop difficile pour lui et qui engendrera inévitablement chez lui une culpabilité insupportable et très malsaine. C'est aux parents de décider entre eux de l'avenir de leur enfant ou de faire appel à des instances si aucune entente à l'amiable n'est possible.

Éviter d'entretenir l'espoir

La majorité des enfants gardent, pendant des années, l'espoir que leurs parents reviendront ensemble un jour. Évitez de donner cet espoir à votre enfant lors de l'annonce de la séparation (sous prétexte de vouloir minimiser la nouvelle ou de lui faire moins de peine). C'est un espoir sur lequel votre enfant misera beaucoup trop; cela drainera son énergie et l'empêchera d'évoluer sainement dans sa nouvelle vie.

Y a-t-il un âge où la séparation est plus difficile?

La séparation des parents peut être vécue différemment selon l'âge de l'enfant, selon l'intensité avec laquelle il a vécu la période qui précédait la séparation (disputes, pleurs, violence...) et selon la façon dont les parents vont agir dans ce processus de séparation.

Malgré tout, cette expérience peut être particulièrement difficile pour les enfants de 3 à 6 ans qui sont dans leur phase du complexe d'Œdipe (ce sujet est traité dans le livre *Les psy-trucs pour les enfants de 3 à 6 ans*). Durant cette période d'identité sexuelle, l'enfant a besoin d'établir une relation privilégiée et fusionnelle avec le parent du sexe opposé: fiston est en adoration devant sa maman et fillette devant son papa. Une rupture pendant cette phase d'attachement intense peut avoir des conséquences importantes sur le développement de l'enfant, surtout si les périodes de séparation sont prolongées.

Au début de l'adolescence, les jeunes sont aussi plus fragiles aux séparations puisqu'ils sont en pleine phase d'identification avec le parent du même sexe. Le sentiment d'abandon peut donc être très fort; c'est pourquoi il faut tenter de réduire cet effet négatif en augmentant le nombre et la durée des contacts après la séparation.

Comment mon enfant réagira-t-il à la séparation?

Une séparation constitue un événement dramatique pour tous les membres de la famille, qui doivent faire un deuil à plusieurs égards.

* **Perte de la cellule familiale :** L'image typique de la famille tombe à l'eau.
* **Perte de la stabilité :** Le déménagement, le changement périodique de maison, de chambre, de jouets (lorsqu'il y a garde partagée, entre autres) bouleversent complètement la routine habituelle.
* **Perte du sentiment de sécurité :** La sécurité, tant matérielle qu'affective, est chamboulée par l'absence d'un des parents et par les multiples changements de milieu ; souvent, on doit laisser un milieu sécurisant et aller vers l'inconnu.
* **Perte de l'environnement social et scolaire :** Les séparations engendrent bien souvent des changements de quartier, d'école ou d'amis. Toute une réadaptation, n'est-ce pas?

L'annonce d'une séparation peut susciter diverses réactions, selon l'âge et la maturité de l'enfant. Certains peuvent fondre en larmes, alors que d'autres sont envahis par une anxiété intense (peur de perdre leurs parents pour toujours ou sentiment d'être abandonnés). Certaines réactions vont également survenir dans les semaines voire les mois qui suivent la nouvelle ou la séparation. L'enfant pourra alors exprimer ses craintes ou ses frustrations de différentes manières. Voici quelques signes à surveiller :

* culpabilité ;
* tristesse (ennui face au parent absent) ;
* plus grande fragilité sur le plan émotif (crises ou pleurs plus fréquents) ;
* insécurité (peur de l'abandon) ;
* anxiété ou nervosité ;
* repli sur soi (l'enfant est renfermé, il ne communique plus) ;
* passivité marquée (l'enfant est amorphe, il n'a plus le goût de jouer, etc.) ;

* perte de motivation (à l'école);
* perte d'appétit ou de sommeil;
* problème soudain de socialisation et d'adaptation (comportement plus agressif, désobéissance).

Les enfants sont particulièrement perturbés et réagissent très mal lorsque la séparation est vécue dans un contexte malsain où règnent conflits et agressivité entre les parents, ou lorsqu'ils voient leur mère ou leur père, autrefois heureux et actifs, sombrer dans la tristesse ou la dépression.

Il ne faut surtout pas interpréter ces comportements ou ces réactions de l'enfant comme des gestes de manipulation. Ce sont des signes de détresse. C'est aux parents de les découvrir et d'aider leur enfant à retrouver son équilibre émotionnel.

Comment aider mon enfant à surmonter cette épreuve?

Une séparation peut-être vécue plus «harmonieusement» si les deux parents y mettent les efforts qu'il faut et s'attardent sur les éléments constructifs. Les enfants de 6 à 9 ans ont comme repère principal la famille et leur environnement (leur maison), c'est pourquoi l'annonce d'une séparation peut être si bouleversante pour eux.

Rassurez votre enfant, et expliquez-lui calmement ce qui va changer. *Maintenez le plus possible sa routine*; cela l'aidera à être stable sur le plan émotif. L'idéal serait évidemment de conserver, autant que faire se peut, ses habitudes de vie et son environnement après la séparation (du moins pendant la crise).

Il est important que vous sécurisiez votre enfant en lui disant que, même si maman et papa se séparent, il gardera toujours ses deux parents. Toujours! Dites-lui également que c'est une décision d'adultes et que ce n'est surtout pas sa faute si vous vous séparez (éliminez tout sentiment de culpabilité).

Soyez aussi attentif aux réactions ou aux changements de comportement de votre enfant: ce sont des messages qu'il vous envoie. Soyez à l'écoute, encouragez-le à s'exprimer (« Je sais que tu es triste... »), à poser les questions qui le tourmentent, etc. Faites également preuve de tolérance devant ses crises – pleurs, bouderies ou sautes d'humeur – même si ce n'est pas toujours évident lorsque notre propre vie est en plein bouleversement.

En fait, il faut minimiser les répercussions de la séparation sur la vie quotidienne de son enfant, sur son environnement. Il faut aussi lui laisser le temps de s'adapter et, surtout, l'aider en étant présent et attentif à ses besoins. *Contrairement à ses parents*, l'enfant ne se sépare pas, sur le plan émotif, de ses parents, ce qui fait de la séparation une épreuve beaucoup plus difficile pour lui.

Quelles attitudes dois-je adopter après la séparation ?

Les attitudes suivantes vous aideront à rendre la séparation « plus facile » à vivre pour votre enfant.

* Minimisez les changements dans les habitudes de vie et l'environnement de votre enfant. Évitez de déménager, si possible, afin qu'il puisse garder la même école, les mêmes amis, etc.

* Essayez de conserver une bonne relation avec votre ex-conjoint, surtout *devant votre enfant*. Les enfants sont particulièrement perturbés si les parents sont à couteaux tirés et si la séparation est vécue dans un contexte malsain où règnent conflits et agressivité entre les parents.

* Soyez attentif à votre enfant et écoutez-le (surtout si un nouveau conjoint se présente).

* Évitez les phrases négatives comme « T'es ben comme ton père (ou comme ta mère) ! » S'il entend de telles paroles, votre enfant finira par se sentir mal d'aimer l'autre parent. Au contraire, n'hésitez pas à souligner devant votre jeune les qualités ou les caractéristiques positives de votre ex-conjoint. Cela lui permettra de continuer à aimer « ouvertement » son père et sa mère, sans contraintes. Rappelez-vous que tout enfant désire aimer ses deux parents.

* Ne prenez pas votre enfant pour un messager entre parents ou pour un confident.

* Assurez-vous qu'il passe du temps avec chaque parent.

* Réglez *en l'absence de l'enfant* tout problème qui survient entre vous, parents. Pas de mise au point devant lui (en allant le chercher ou le reconduire par exemple)! Ces discussions risqueraient de prendre une tournure houleuse ou de « virer en chicanes », ce qui n'améliorerait certainement pas la situation de votre enfant (en fait, cela augmenterait son niveau d'anxiété). Mieux vaut rester bref et poli, et régler les problèmes par téléphone ou ailleurs, loin de l'enfant.

* Laissez toujours la chance à votre enfant de prendre contact avec l'autre parent lorsqu'il le désire (téléphone, courriels, rencontre...). Vouloir limiter ces contacts est une erreur motivée, dans bien des cas, par la rancœur.

* Ne questionnez pas abusivement votre enfant sur sa visite chez votre ex-conjoint (pour ne pas qu'il se sente coincé ou obligé de tout dire); laissez-le raconter ce qu'il désire. Ne l'interrogez pas non plus sur les activités, les amis, la situation de l'autre parent : votre enfant ne doit pas avoir l'impression d'être un espion !

* *Ne critiquez jamais l'autre parent devant votre enfant, ne lui prêtez pas de mauvaises intentions* et ne donnez pas l'impression à votre bambin que c'est à cause de votre ex que les choses vont mal. Cela ne le regarde pas. Votre enfant risquerait de se sentir pris entre les deux, de devoir prendre parti, ce qui n'est vraiment pas souhaitable.

* Manifestez de la joie à l'idée que votre jeune a passé du bon temps avec l'autre parent. Si vous faites le contraire, par exemple si vous montrez de la contrariété, si vous versez une larme de tristesse lorsqu'il raconte sa fin de semaine, ou que vous insistez pour lui dire que vous vous êtes TEL-LE-MENT ennuyé de lui, votre enfant se sentira coupable d'être heureux ou de vivre

de bons moments avec l'un ou l'autre de ses parents. Surtout, ne l'empêchez pas d'aimer l'autre parent ni de verbaliser son bonheur.

* Abstenez-vous de tout chantage affectif ou de prendre votre enfant en « otage ». Votre petit ne doit pas vous servir à atteindre votre ex-conjoint.

* Bannissez les concours de popularité (être un « parent gâteau » pour acheter son amour ou être plus gentil que l'autre parent).

En fait, plus les parents pourront avoir une relation relativement équilibrée, basée sur la collaboration, mieux cela vaudra pour l'enfant.

Et un nouveau conjoint, dans tout ça ?

Est-il préférable d'attendre un certain temps avant de présenter à son enfant un nouveau conjoint ? La réponse est oui. Si cette personne arrive trop rapidement dans le portrait de famille, l'enfant risque de croire que c'est à cause d'elle que tout s'est écroulé. Mieux vaut laisser à l'enfant suffisamment de temps pour retrouver un certain équilibre et s'adapter à sa nouvelle situation avant de lui imposer un autre changement qui risque de l'atteindre sur le plan affectif.

L'introduction du nouveau conjoint doit se faire progressivement, puisque cette situation risque de rendre l'enfant anxieux. Il faut évidemment lui expliquer que cette personne ne remplace pas papa ou maman. De son côté, il doit faire preuve de délicatesse et éviter d'usurper un rôle d'autorité afin de ne pas nuire à la relation, présente et future. (Voir « La famille recomposée, tout un défi ! », à la page 199.)

Il ne faut pas oublier que la séparation des parents est l'aboutissement d'une relation *qui s'est dégradée progressivement*, ce qui en fait peut-être un événement plus facilement acceptable ou tolérable pour les parents, alors que les enfants, eux, sont souvent mis subitement devant le fait accompli : papa et maman se séparent !

Une séparation est toujours difficile pour les enfants, peu importe leur âge, et plus particulièrement lorsqu'il y a conflit apparent dans le couple. Il faut prendre conscience que la séparation de maman et de papa, la nouvelle maison et peut-être même le nouveau conjoint (et la famille qui vient avec !), c'est beaucoup de changements en même temps ! Il faut donc respecter l'enfant, essayer de comprendre ses comportements, ses réactions et le fait qu'il n'acceptera pas du jour au lendemain ces changements importants. En tant que parents, nous ne pouvons que l'écouter, le soutenir et le guider, petit à petit, dans cette nouvelle vie qui va dorénavant être sienne !

Les psy-trucs

1. Rassurer son enfant : il garde son papa et sa maman, qui l'aiment et continueront toujours à l'aimer même s'ils ne vivent plus ensemble.
2. S'assurer que l'enfant sait qu'il n'est pas responsable de la séparation : c'est une décision d'adultes et il n'a absolument rien à voir avec ça.
3. Essayer de limiter les changements dans la vie de l'enfant : routine, maison, quartier, amis... Le rassurer sur le déroulement des choses : c'est un des éléments qui l'inquiètent le plus !
4. Affirmer à l'enfant qu'il continuera de voir ses deux parents, qu'il pourra rendre visite à l'un ou à l'autre, les appeler, leur envoyer des courriels, etc.
5. Être à l'écoute de la peine ou de la douleur que peut ressentir l'enfant. Prêter attention à ses réactions (irritabilité, régression...) et se montrer tolérant envers lui.
6. Essayer de garder une bonne relation avec l'ex-conjoint, *surtout devant l'enfant*. Éviter les disputes qui ne feraient qu'augmenter son anxiété.
7. Ne jamais critiquer l'autre parent devant l'enfant, lui prêter de mauvaises intentions ou donner l'impression que c'est à cause de lui que les choses vont mal. L'enfant risque de se sentir coincé entre les deux, de devoir prendre parti, ce qui n'est vraiment pas souhaitable.
8. Laisser l'enfant aimer « ouvertement » son père et sa mère, sans contraintes. Il en a besoin.

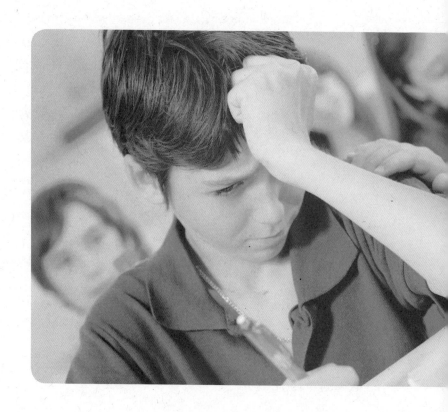

Il n'aime pas son enseignant !

Les questions que tout parent se pose :

* Quelle est l'importance du lien élève-enseignant ?
* Comment réagir si mon enfant n'aime pas son enseignant ?
* Comment intervenir si le problème est réel et persistant ?

Sébastien est âgé de 7 ans. Il vient de commencer sa nouvelle année à l'école et, étonnamment, il ne semble pas aussi enjoué et motivé que l'année précédente. Ses parents ont noté un changement d'humeur et d'attitude : il semble préoccupé et stressé. Dès le petit-déjeuner, Sébastien se manifeste : « Je n'ai pas le goût d'aller à l'école ! » Et cela se poursuit ainsi toute la journée... Puis, un jour, il crache enfin le morceau : « Je n'aime pas ma nouvelle "prof". Elle est pas fine avec moi. Elle est sévère... » Comment devons-nous réagir quand le courant ne passe pas ?

Quelle est l'importance du lien élève-enseignant ?

Comme je l'ai expliqué dans un chapitre précédent, la motivation est l'un des facteurs les plus importants de la réussite scolaire : c'est ce qui pousse nos enfants à faire les efforts requis pour réussir. C'est un élément aussi crucial que les capacités intellectuelles.

La motivation scolaire peut dépendre, entre autres, de la qualité de la relation élève-enseignant. Quand il y a une belle complicité entre les deux, quand la relation est enrichissante et que l'enfant se sent valorisé, tout va bien. Il n'est pas rare cependant qu'au cours de sa vie scolaire, le temps d'une année, un enfant ne s'entende pas avec son enseignant.

Tout particulièrement dans ce groupe d'âge, les enfants peuvent être très affectés par un conflit ou par une mauvaise perception de celui-ci.

Certains perdent tout leur enthousiasme quand arrive le temps des devoirs et des leçons ou lorsqu'il s'agit de se préparer pour aller à l'école. Ils veulent continuellement tout remettre à plus tard, semblent fatigués, irritables et font toujours le minimum requis. Ils ont aussi tendance à ne pas participer en classe, ou très peu, et adoptent des comportements d'opposition ou de repli sur soi.

Comment réagir si mon enfant n'aime pas son enseignant?

Le conseil de base: faire preuve de prudence devant les propos de l'enfant à l'égard du nouvel enseignant et ne pas se rallier immédiatement à son point de vue. Ce n'est, bien souvent, qu'une question de malentendu, de tempérament ou d'adaptation de part et d'autre.

Les enfants peuvent parfois avoir l'impression que leur enseignant ne les aime pas, qu'il est injuste ou trop sévère envers eux. Encore une fois, il faut demeurer prudent puisqu'il s'agit évidemment de LEUR perception d'une réalité qui peut être bien différente. Lorsqu'un enfant est turbulent de nature ou qu'il a souvent tendance à s'opposer aux autres, il est normal qu'il se retrouve de temps en temps en situation de conflit avec l'enseignant (comme il le serait avec des amis, ses parents ou un entraîneur sportif). C'est à ce moment-là que les parents doivent faire preuve de jugement: est-ce un problème lié à un conflit de personnalité avec cet enseignant en particulier ou avec l'autorité scolaire en général?

Si le conflit semble être avec l'enseignant (conflit direct), il faut faire preuve de délicatesse et ne pas laisser perdurer la situation puisqu'elle affecte l'enfant et peut hypothéquer sa motivation scolaire, non seulement présente mais future. De plus, en raison de ce conflit, l'enseignant peut être porté à limiter ses encouragements ou son soutien envers l'enfant, affectant d'autant l'estime de soi de ce dernier. En période scolaire, nos enfants passent plus de temps avec leur enseignant qu'avec nous, alors si cette relation n'est pas harmonieuse, les conséquences risquent de se faire sentir très rapidement.

Mais comment doit-on réagir? Il faut le faire avec calme, avec tact, *tout en restant le plus objectif possible*. Dans une telle situation, bien des parents vont, instantanément et instinctivement, prendre position en faveur de leur enfant (un réflexe bien normal en soi !) et se fermeront à tout ce qui mettrait en cause leur chérubin. C'est ce qu'il faut absolument éviter ! Soyez plutôt ouvert et réceptif, c'est la meilleure façon d'aborder le problème.

Voici quelques pistes d'intervention :

* **Écouter son enfant.** Soyez à l'écoute des plaintes et des préoccupations de votre jeune. Dites-lui que c'est bien qu'il en parle, qu'il s'exprime. Cela l'incitera à verbaliser ce qui le dérange, à exprimer ses émotions et lui permettra par la même occasion de s'en dégager. Évitez cependant de réagir de manière excessive et de le bombarder de questions, pour ne pas l'alarmer ni dramatiser la situation ;

* **Récapituler les faits.** Revenez sur les faits, sur les points précis qui affectent votre enfant. Qu'est-ce qui le dérange, au juste : le comportement général de l'enseignant envers toute la classe (il crie, il est sévère...) ou des gestes dirigés vers lui seul ? Est-ce que l'enseignant s'en est pris à votre enfant lui-même ou est-ce plutôt *aux gestes ou aux comportements inadéquats* de ce dernier ? Nous devons parfois faire cette distinction nous-mêmes avec notre enfant : « Ce n'est pas toi que je n'aime pas, c'est le comportement que tu as eu ! » ;

* **Dédramatiser la situation.** N'alimentez pas les propos négatifs de votre enfant. Pour le jeune qui vit une telle situation avec son enseignant, c'est un drame et les faits rapportés sont souvent exagérés (surtout à ses yeux !). Relativisez les choses pour ne pas que la situation dégénère en crise. Si l'enseignant a crié en classe, expliquez à votre enfant que ce sont des choses qui arrivent... comme cela peut aussi se produire à la maison. Les enseignants sont des humains, eux aussi. Mentionnez-lui qu'à l'école, comme à la maison, il y a des règles à respecter et qu'il est normal que l'enseignant ramène ses élèves à l'ordre ;

* **Faire preuve de patience.** Certains enfants, même s'ils affirment ne pas aimer leur nouvel enseignant, ont simplement besoin d'une période d'adaptation. Alors que votre petit adorait son « prof » l'an dernier, il se retrouve maintenant devant un nouvel enseignant aux exigences et au tempérament différents, qui lui conviennent peut-être moins ? Encouragez-le à s'adapter et à accepter ces différences ;
* **Communiquer avec l'enseignant, au besoin.** Si vous jugez que la situation le justifie, prenez rendez-vous avec l'enseignant. Allez vérifier les faits en demeurant objectif et, surtout, en évitant d'accuser qui que ce soit. Bien souvent, on se fait une montagne avec de simples malentendus ou on se rend compte qu'il s'agit de perceptions différentes qui peuvent être facilement corrigées par l'enseignant ou l'élève. Bien entendu, il est préférable d'avoir ces discussions en privé, sans l'enfant (à la première rencontre du moins).

Comment intervenir si le conflit est réel et persistant ?

Malgré tout, il est possible que le conflit de personnalités perdure et que ça ne clique vraiment pas entre l'enseignant et votre enfant. Dans un tel cas, voici quelques recommandations :

* **Éviter la guerre !** Vous devez absolument éviter d'entrer vous-même en conflit avec l'enseignant. L'important, c'est de préserver une bonne communication ou, dans le pire des cas, de minimiser le conflit entre vous et l'enseignant, puisque personne ne serait gagnant, pas même votre enfant ;
* **Ne pas en rajouter !** Surtout, n'encouragez jamais votre enfant à faire des remarques négatives à l'égard de son enseignant et n'en riez jamais. Cela voudrait dire que vous êtes d'accord avec l'attitude de votre jeune, ce qui risquerait d'empirer le conflit ;
* **Parler positivement de l'école et de l'enseignant.** Si votre enfant perçoit que vous avez confiance en son enseignant et

que vous ne remettez pas toute l'école en cause, il est fort possible qu'il fasse de même. Rassurez votre enfant : dites-lui que, malgré tout, son « prof » est là pour lui enseigner et pour l'aider ;

✶ **Apprendre à l'enfant à s'adapter à la situation.** Faites comprendre à votre enfant qu'il n'est pas tenu d'aimer son enseignant pour réussir son année scolaire et qu'il y a parfois des gens avec lesquels on s'entend moins bien (c'est la vie !). Expliquez-lui qu'il doit s'adapter à la situation, respecter son enseignant et que son objectif est de passer à travers cette année le mieux possible. Chacun de nous a, un jour ou l'autre, à vivre ou à travailler avec des personnes avec lesquelles il s'entend moins bien. Accompagnez votre enfant dans cet apprentissage de la vie ;

✶ **Surveiller la situation.** Demeurez vigilant et surveillez la situation de près afin d'éviter qu'elle se dégrade. Si toutefois cela se produisait, n'hésitez pas à communiquer avec la direction de l'école pour envisager différentes solutions ;

✶ **Ne pas permettre à l'enfant de s'absenter.** Ne tolérez pas que votre enfant manque l'école sous prétexte qu'il n'aime pas son enseignant. En fera-t-il autant le jour où il n'aimera pas son patron ou qu'il aura des conflits avec des confrères de travail ?

Un changement de classe ?

Lorsqu'un conflit survient entre notre enfant et son enseignant, nous avons parfois tendance à croire que la meilleure solution est de le changer de classe. Ce n'est pourtant pas toujours le cas et il faut y penser bien sérieusement avant d'entamer une telle démarche.

D'ailleurs, les demandes de changement de classe sont très rarement acceptées. On veut ainsi éviter que le changement ne devienne la solution facile à tout problème qui pourrait être surmonté aisément autrement ou, pis encore, qu'il soit motivé par un petit caprice !

Les psy-trucs

1. Faire preuve de prudence devant les propos de l'enfant à l'égard de son enseignant. Ne pas se rallier immédiatement à son point de vue : c'est SA perception, pour le moment !
2. Éviter de prendre instantanément et instinctivement position en faveur de son enfant et de se fermer à tout ce qui le mettrait en cause. Se montrer ouvert et réceptif, c'est la meilleure façon d'aborder le problème.
3. Écouter les plaintes et les préoccupations de son enfant. Éviter de réagir de manière excessive ou de le bombarder de questions pour ne pas l'alarmer ni dramatiser la situation.
4. Tenter de comprendre ce qui dérange l'enfant et écouter ses commentaires : est-ce que les reproches de l'enseignant sont dirigés vers toute la classe ou concernent-ils particulièrement les comportements de l'enfant ?
5. Rencontrer l'enseignant (sans l'enfant), au besoin, afin de discuter de la situation de façon calme et objective. Certains malentendus ou ajustements seront ainsi possibles.
6. Éviter d'entrer soi-même en conflit avec l'enseignant. Personne n'en sortirait gagnant, surtout pas l'enfant.
7. Expliquer à l'enfant qu'il n'est pas tenu d'aimer son « prof », qu'il faut parfois du temps pour s'adapter.
8. Consulter la direction de l'école si la situation persiste ou s'aggrave.

Une timidité gênante !

Les questions que tout parent se pose :

* **D'où vient la timidité ? Est-ce héréditaire ?**
* **Quelles sont les conséquences de la timidité chez mon enfant ?**
* **Comment aider mon enfant à vaincre sa timidité ?**

Jonathan, qui est âgé de 7 ans, est un enfant solitaire qui joue rarement avec les copains de sa classe et refuse toute invitation aux fêtes d'amis. Quand on pose une question à Éliane, elle devient mal à l'aise, rougit, bafouille et regarde par terre. En visite dans la parenté ou chez des amis, Maxence se fait muet comme une carpe et ne s'intègre pas aux activités, préférant jouer seul. Sophie-Anne, elle, a de la difficulté à saluer les gens ou même à les remercier quand ils lui offrent un cadeau ! Voilà des comportements qui révèlent un trait de caractère : la timidité. En tant que parents, nous avons tout intérêt à travailler cette timidité avec notre enfant avant qu'elle s'ancre profondément en lui.

D'où vient la timidité ?

La timidité peut être passagère ou chronique. La timidité passagère survient habituellement à la suite d'un événement marquant qui provoque de l'insécurité chez l'enfant : changement d'école, séparation des parents, déménagement, naissance d'un nouvel enfant... La timidité chronique, elle, est omniprésente et se manifeste quotidiennement : dans les réunions de famille, à l'épicerie, au restaurant, à l'école.

On se demande souvent si la timidité est héréditaire ou si elle est simplement causée par l'environnement familial et l'éducation. En fait, il n'y a pas d'explication simple ni unique à la timidité, et les causes peuvent être nombreuses, ce qui rend ce phénomène particulièrement complexe.

Une question d'hérédité?

Même si aucun gène de la timidité n'a été identifié, il existerait une *prédisposition* à la timidité, selon certaines études. Ainsi, certains enfants naîtraient avec une telle prédisposition et seraient, par conséquent, plus «impressionnables» que d'autres. Un enfant qui est particulièrement sensible, par exemple, peut développer de la timidité pour se donner le temps d'observer les autres, de les comprendre, avant d'entrer en relation avec eux. À mesure qu'ils vieilliront, la majorité des jeunes «gênés» réussiront toutefois à limiter cette timidité, et même à s'en débarrasser dans bien des cas. Pour d'autres, l'histoire sera bien différente: leur environnement familial ou certaines expériences de vie contribueront à entretenir cette timidité et même à la développer.

L'environnement familial

La timidité naissante d'un enfant peut très certainement être renforcée par l'attitude des parents ou le contexte familial.

* Des parents eux-mêmes très timides peuvent favoriser la timidité chez leur enfant par leur exemple. Les enfants ont en effet souvent tendance à *reproduire* les comportements qu'ils observent chez leur père ou leur mère.

* Certains parents dévalorisent (inconsciemment ou non) leur enfant, ce qui l'empêche de développer sa confiance en lui et son estime de soi, et renforce cette tendance à la timidité.

* D'autres «acceptent» ce trait de caractère chez leur enfant et vont même l'entretenir en le surprotégeant («Voici Jérôme, c'est notre timide de la famille!»). En fait, la timidité est un des «défauts» les mieux acceptés et tolérés dans la société: les enfants timides sont si sages, si calmes et ne dérangent tellement pas! Voilà probablement pourquoi certains parents ne ressentent pas vraiment le besoin d'y remédier.

* Il arrive que certains parents, parce qu'ils sont trop sévères et rigides, empêchent leur enfant de développer sa propre identité.

Le jeune sera alors porté à inhiber toute tentative de s'extérioriser ou de s'affirmer. Ainsi, l'enfant qui manque de confiance en lui et qui doit répondre à des exigences très élevées peut développer cette timidité : d'un côté, il a un grand désir de bien faire et de plaire mais, d'un autre côté, il a très peur de déplaire, ce qui freine ses ardeurs. Il peut alors avoir tendance à se retirer et à éviter toute situation qu'il ne contrôle pas parfaitement.

Bref, la timidité peut être le fruit de plusieurs facteurs.

Quelles sont les conséquences de la timidité chez mon enfant ?

Il y a beaucoup d'enfants timides, surtout en bas âge. Toutefois, en grandissant, la majorité d'entre eux arrivent, à force de volonté et d'efforts, à trouver leur place... pour autant qu'on les aide un peu ! Nous avons d'ailleurs tout intérêt à aider notre enfant à surmonter ce problème puisque les conséquences peuvent être importantes et *augmenteront en vieillissant*. Voici des conséquences possibles :

* Difficulté à se faire des amis et à s'intégrer dans un groupe ;
* Tendance à devenir solitaire et à se réfugier dans des activités individuelles telles que la lecture, les jeux vidéo ou à l'ordinateur ;
* Peur du jugement ou peur du ridicule (ce qui freinera chez l'enfant toute initiative d'entrer en contact avec ses pairs) ;
* Crainte de parler aux gens et risque de devenir de plus en plus maladroit socialement, ce qui peut susciter des rires ou des moqueries. (Comme l'enfant ne sait pas bien se défendre, les autres peuvent en profiter. Quand on l'interroge, il rougit et perd tous ses moyens. Les problèmes d'élocution ou le bégaiement pourront occasionnellement apparaître.) ;
* Hésitation à participer aux activités qui nécessitent des interactions avec les autres. Réaction d'évitement ou de fuite.

En général, les enfants très timides ont tendance à être anxieux. Ils appréhendent la nouveauté, l'inconnu, bref tout ce qui peut rompre leur routine sécurisante. Ils présentent également des problèmes d'estime de soi ou de confiance en soi et sont donc réticents à prendre leur place, à s'affirmer ou à relever de nouveaux défis.

Les conséquences décrites précédemment vont avoir des répercussions encore plus importantes à l'âge adulte et peuvent représenter un véritable handicap sur les plans professionnel, social et sentimental. C'est pourquoi nous devons aider nos enfants, dès leur tout jeune âge, à faire face à cette timidité et à la surmonter.

Comment aider mon enfant à vaincre sa timidité?

Fort heureusement, il n'est jamais trop tard pour freiner (et même surmonter) la timidité de notre enfant. Il a cependant besoin de toute notre aide et de notre soutien total.

L'éducation qu'il reçoit à la maison devra d'abord lui permettre d'affirmer peu à peu sa personnalité et de développer sa confiance en lui. C'est la clé du succès. Voici quelques recommandations à cet effet:

* **Ne pas surprotéger son enfant.** Ne parlez pas à la place de votre enfant en présence d'autres personnes et, surtout, n'acquiescez pas à son désir d'éviter les sorties et les situations où il devra entrer en relation avec les autres. L'évitement augmente la peur au lieu de la faire diminuer. Si vous acceptez de ne pas inscrire votre enfant à un cours ou à une activité dans le seul but de le «protéger» et de ne pas le mettre dans l'embarras (pour ne pas qu'il «souffre» de sa timidité), vous ne faites qu'entretenir son problème. Cette attitude de votre part aura pour effet de lui prouver que ses craintes sont fondées, et que c'est normal;

* **Inviter des amis à la maison.** En étant chez lui, en terrain connu, votre enfant réussira plus facilement à surmonter ses craintes. Commencez par un ami à la fois et augmentez le

nombre au fur et à mesure que votre enfant gagnera de la confiance en lui-même;

* **Faciliter les contacts avec autrui.** Suscitez les situations où votre enfant devra entrer en relation avec des amis ou avec des adultes : les cours, les sports d'équipe, les fêtes d'amis, toutes ces occasions lui seront utiles;

* **Privilégier l'action plutôt que la réflexion.** Mettez votre enfant devant les faits, donc dans la situation, plutôt que de tenter de lui demander son avis ou de le prévenir à l'avance (ce qui lui permettrait d'imaginer plein de scénarios désastreux!);

* **Exiger certains comportements de base.** Saluer les gens, dire merci, répondre quand on pose une question... tous ces comportements de politesse, que vous exigez avec constance et encouragements, aideront votre enfant à vaincre sa timidité (il se rendra compte que ce n'est pas si difficile!);

* **Éviter les étiquettes.** Ne faites pas allusion à la timidité de votre enfant et ne le taquinez pas à ce sujet : « Lui, c'est le timide de la famille! », « Excusez-la! Ma fille ne répond pas souvent, elle est très gênée! », « Sébastien, arrête de faire ton timide! » Ce genre de commentaires ne ferait qu'aggraver le problème et renforcerait l'image négative que votre enfant a de lui-même, ce qui l'amènerait à croire que cette timidité fait partie de sa nature, qu'il est « comme ça » et qu'il n'y a rien à faire;

* **Faire preuve de patience.** Vous devez vous armer de patience pour laisser le temps à votre enfant d'apprivoiser les situations qu'il appréhende et de prendre conscience que ce n'est pas menaçant pour lui;

* **Guérir sa propre timidité.** S'il y a lieu, soignez votre timidité ou, du moins, ne la transposez pas sur votre enfant et veillez à ne pas lui servir de modèle sur ce plan. La timidité, tout comme certaines angoisses, prend parfois son origine chez les parents. Une maman qui a peur des chiens, par exemple, pourra facilement transposer cette peur à son enfant. Il en va ainsi des

parents qui ont eux-mêmes de la difficulté à s'ouvrir au monde extérieur, à entrer en relation avec les autres et qui ont tendance à rester « à l'abri », à la maison ;

* **Valoriser le plus possible son enfant.** Lorsque vous valorisez votre enfant, vous l'aidez à bâtir son estime de soi et sa confiance en soi. Insistez sur ses progrès (sur le plan social, surtout) et dites-lui que vous êtes fier de chacune de ses petites réussites : « Bravo Sébastien, je suis fière de toi ! », « Tu vois, Joanie, tu es capable. Bravo ! » Les enfants timides ont généralement tendance à croire qu'ils ne sont pas capables ou qu'ils « n'y arriveront pas ». Vos encouragements renforceront leur confiance ;

* **Éviter les réprimandes.** Un enfant qui sent que ses parents n'apprécient pas son comportement fuyant ou sa gêne aura encore plus de difficulté à se libérer de sa peur. Une telle attitude parentale est néfaste pour l'estime du jeune et représente une pression malsaine ;

* **Ne pas exercer trop de pression sur lui et, surtout, *ne pas le forcer*.** Respectez le rythme de votre enfant. Il doit apprendre progressivement à apprivoiser sa timidité ;

* **Proposer de petits défis.** Par exemple, proposez à votre enfant de dire « Bonjour ! » chaque fois qu'il y a de la visite ou de saluer au moins un ami par jour ; incitez-le à commander lui-même son repas au restaurant. Ces petits défis sont généralement stimulants et lui permettront de prendre graduellement confiance en lui ;

* **Favoriser les activités libératrices.** Proposez à votre enfant des activités comme la danse, le chant, le théâtre et la musique ;

* **Inviter son enfant à exprimer ses sentiments.** Un enfant timide a peur du jugement des autres, ce qui fait qu'il évite le plus possible de s'exprimer ou de donner son opinion. Demandez régulièrement à votre enfant ce qu'il ressent ou ce qu'il pense de certaines choses ou situations. L'attention que vous

lui accordez favorisera son estime de soi ; votre enfant aura, par conséquent, de plus en plus le goût de s'exprimer avec vous et, naturellement, de faire la même chose avec les autres.

Agir... mais avec précautions

Si vous devez aider votre enfant à vaincre sa timidité, vous devez toutefois éviter d'exercer trop de pression sur lui. *Il faut agir avec précautions et éviter de le plonger de force dans des situations qu'il pourrait trouver angoissantes.*

En insistant trop, en brusquant votre enfant ou en le forçant sans cesse à affronter sa timidité, vous ne réussirez qu'à l'intimider davantage, ce qui le poussera à se replier encore plus sur lui-même. De plus, si vous l'inscrivez à des activités ou si vous le poussez à faire des choses qui sont bien au-delà de ses capacités, vous risquez de provoquer une situation de rejet ou d'échec qui pourrait avoir un effet dévastateur sur sa confiance. Gardez à l'esprit que l'objectif ultime de votre démarche, c'est d'aider votre enfant à augmenter sa *confiance en lui.*

Une désensibilisation progressive

Surmonter sa timidité ne peut se faire que *graduellement et en douceur.* Vous devez donc aider votre enfant tout en respectant sa personnalité et *son rythme.* C'est un processus qui demande de la patience. Dans le cas d'une fête d'amis, par exemple, aidez-le à surmonter ses craintes et négociez avec lui la durée de sa présence : au début, il pourra rester à la fête une ou deux heures seulement, si cela est nécessaire, puis, aux fêtes subséquentes, il acceptera tout naturellement de rester un peu plus longtemps. C'est ce qu'on appelle de la *désensibilisation.*

Besoin de consulter?

Si les peurs et la timidité s'installent au quotidien et qu'elles deviennent des sources d'anxiété qui persistent et qui empêchent votre enfant d'être bien dans sa peau et de fonctionner normalement; si, malgré tous vos efforts et votre compréhension, vous n'arrivez pas à aider votre enfant ou ne réussissez pas à gérer son anxiété, alors mieux vaut consulter.

Une aide psychologique vous permettra d'approfondir l'origine du problème. Elle fournira également à votre enfant différents moyens d'acquérir plus d'assurance et de développer ses aptitudes sociales.

Notre rôle comme parents consiste donc à soutenir notre enfant, à l'aider à surmonter sa timidité (tout en respectant son rythme) et à développer sa confiance en lui de manière qu'il n'ait pas le temps *d'organiser sa vie ou son mode de vie* en fonction de cette timidité. C'est un énorme service que nous lui rendons. Bien sûr, il se peut que certains enfants demeurent quand même quelque peu «introvertis» mais, au moins, nous aurons pris les moyens qu'il faut pour qu'ils puissent prendre part aisément aux activités sociales qui s'offriront à eux tout au long de leur vie!

Les psy-trucs

1. Prendre conscience que la timidité n'est pas héréditaire, même si certains enfants sont plus prédisposés que d'autres à être timides. C'est pourquoi il faut réagir immédiatement pour contrer le problème.

2. Ne pas surprotéger son enfant. Ne jamais parler à sa place et ne pas acquiescer à son désir d'éviter les sorties et les situations qui impliquent des relations avec les autres.

3. Inviter des amis *à la maison* (un terrain connu pour l'enfant). Commencer par un ami à la fois.

4. Favoriser les sorties et les situations où l'enfant doit entrer en relation avec les autres (cours, sports d'équipe, fête d'amis...).

5. Exiger certains comportements de base liés à la politesse : saluer les gens, dire merci, répondre quand on pose une question, etc.

6. Éviter les étiquettes, les taquineries sur sa timidité ainsi que toute allusion à ce propos, sans quoi l'enfant finira par croire que c'est sa nature, sa personnalité.

7. Ne pas mettre l'accent sur ses comportements timides et ne pas le réprimander. Un enfant qui sent que ses parents n'apprécient pas son comportement fuyant ou sa gêne aura encore plus de difficultés à se libérer de sa peur et son estime de soi en sera affectée.

8. Ne pas exercer trop de pression sur son enfant et, surtout, *ne pas le forcer*. Respecter son rythme : il doit apprivoiser *progressivement* sa timidité.

9. Éviter de le plonger de force dans des situations qu'il pourrait trouver angoissantes. En insistant trop, en le brusquant ou en le forçant sans cesse à affronter sa timidité, on ne réussit qu'à intimider davantage son enfant, ce qui le poussera à se replier encore plus sur lui-même.

10. Valoriser son enfant le plus possible (pour bâtir son estime de soi et sa confiance). Insister sur ses progrès et lui mentionner qu'on est fier de chacune de ses petites réussites.

Comment lui parler de la mort?

Les questions que tout parent se pose :

* À partir de quel âge mon enfant peut-il comprendre la mort ?
* Comment répondre aux questions de mon enfant sur la mort ?
* Comment lui annoncer le décès d'un proche ?
* Comment accompagner un enfant dans le deuil ?
* Dois-je l'emmener aux funérailles ?
* Quelles sont les réactions possibles et quand faut-il s'inquiéter ?
* Qu'en est-il de la perte de son animal préféré ?

Il est toujours difficile ou délicat de parler de la mort à un enfant. Qu'il s'agisse de la perte d'un animal de compagnie ou de celle d'un proche, nous sommes parfois pris au dépourvu devant les réactions ou les questions de notre enfant. Peu importe notre difficulté à aborder le sujet ou à trouver les bons mots, arrive un moment où nous ne pouvons plus reculer ou éviter d'en parler : la mort fait partie de la vie, et notre enfant, tout comme nous, devra inévitablement y faire face.

À partir de quel âge mon enfant peut-il comprendre la mort ?

La mort a des significations différentes selon l'âge des enfants. Leur conception peut aussi varier selon leur maturité, leur personnalité et leur expérience.

* De la naissance à 2 ans, l'enfant perçoit ou vit la mort d'un proche sur le plan sensoriel : il perd une personne qui, habituellement, répondait à ses besoins primaires, à ses besoins

de sécurité ou encore à ses besoins affectifs. La disparition de cette personne significative peut entraîner chez lui certaines manifestations ou réactions : irritabilité, perturbation du sommeil, perte d'appétit, pleurs, etc.

* Entre 2 et 5 ans (âge préscolaire), l'enfant a une compréhension assez limitée de la mort. Il ne la reconnaît pas encore comme telle, mais l'associe plutôt à la notion d'*absence*, puis, graduellement, à celle de *disparition* (d'une personne ou d'un animal qu'il a connu). L'enfant perçoit la mort comme réversible et temporaire, car c'est ainsi qu'il la voit dans les jeux, les contes ou les émissions de télévision, dans lesquels les personnages se relèvent quelques instants après s'être fait tuer. Les enfants de ce groupe d'âge vivent dans le moment présent et peuvent donc difficilement comprendre que leur chien préféré, leur ami ou leur grand-papa ne reviendra pas. Il est ainsi fréquent de voir, quelques semaines après le décès, un enfant de 3 ou 4 ans demander quand son chat Félix va revenir à la maison ou pourquoi grand-maman ne vient plus dîner le dimanche !

* Vers 6 ou 7 ans, l'enfant est désormais capable de saisir le côté permanent de la mort ; il éprouve, comme les adultes, le vide et une peine réelle à la perte d'un être cher.

* Ce n'est que vers 9 ou 10 ans que l'enfant peut bien comprendre tous les aspects de la mort : il saisit que c'est une étape normale de l'évolution, un fait irréversible, naturel (résultant de l'arrêt des fonctions biologiques) et universel, qui peut arriver à tous... même à lui !

Comment répondre aux questions de mon enfant sur la mort ?

La mort est un sujet qu'on n'aime pas aborder, même entre adultes. On l'évite tout autant avec nos enfants, peut-être par souci de les protéger de certaines réalités jugées pénibles, comme on le ferait pour certaines situations difficiles telles que les problèmes financiers, conjugaux ou professionnels. Cependant, lorsque notre enfant doit faire face à la mort de son petit hamster, d'un ami de l'école ou d'un parent, les questions surviennent inévitablement : « Maman, c'est quoi mourir ? », « Où va-t-on quand on meurt ? », « Est-ce que toi aussi tu vas mourir un jour ? »

Des réponses à ses questions

Certains parents préfèrent, à tort, éviter le sujet de la mort ou s'esquivent à la moindre occasion. Si notre enfant a la curiosité et le courage de formuler et de poser une question, c'est probablement parce qu'il est prêt à recevoir les explications ; la moindre des choses serait de lui répondre. Les enfants ont besoin qu'on leur réponde simplement et honnêtement, sans long discours. Ils ont *besoin* d'entendre nos réponses pour se sentir sécurisés, sans quoi ce qu'ils imagineront alors risque d'être pire que la vérité qu'on essaie de cacher.

Ni voyage ni sommeil !

Il n'est pas toujours simple d'expliquer la mort à un enfant. Certains parents ont tendance à le faire maladroitement, en enjolivant la réalité. Dire que mamie est partie « pour un long voyage » ne fait que créer une confusion dans l'esprit de l'enfant, qui pourrait penser qu'elle va un jour revenir. Il faut aussi éviter de comparer la mort au *sommeil* : « Papa dort maintenant au ciel. » Parler de la mort comme du « dernier sommeil » peut entraîner chez lui de l'insomnie, de l'angoisse ou de l'anxiété la nuit. L'image de l'être cher qui est maintenant au ciel et qui nous voit, qui « nous regarde de là-haut » ou qui sera toujours « à nos côtés » peut également provoquer certaines frayeurs nocturnes ou de l'anxiété. Il faut simplement expliquer à l'enfant que la personne décédée n'est plus présente physiquement, lui faire comprendre, en douceur, qu'elle nous a quittés et qu'elle ne reviendra malheureusement pas. Nous pouvons réconforter notre enfant en lui expliquant que l'être aimé sera toujours dans son cœur, qu'il l'aimera pour toujours.

«Et toi, maman?»
Certains enfants sont préoccupés par la mort de leurs parents : « Maman, est-ce que toi aussi tu vas mourir un jour ? » Si votre enfant vous pose ce type de question, n'hésitez pas à lui répondre que ce sera effectivement le cas, mais rassurez-le en lui disant que, normalement, ce n'est pas pour bientôt ! Expliquez-lui que tout le monde va mourir un jour et que, même si certaines personnes meurent accidentellement ou à la suite d'une grave maladie, la plupart des gens meurent quand ils sont très vieux et très fatigués, pour aller ainsi se reposer d'une vie longue et bien remplie. Votre attitude sereine face à la mort se transmettra à votre enfant qui, ainsi, aura beaucoup moins peur.

Au contraire, si vous avez peur de la mort ou peur d'en discuter, votre enfant apprendra à la craindre. S'il s'agit d'un sujet tabou pour vous, il n'osera pas vous en parler et vivra en silence ses craintes et ses inquiétudes.

«Qu'arrive-t-il à grand-papa après sa mort?»
Les réponses à cette question dépendront évidemment de vos propres croyances : il est parti au ciel, il est au paradis, il est devenu un ange... Si vous ne savez quoi répondre, n'hésitez pas à lui renvoyer la balle en lui demandant : « Et toi, qu'en penses-tu ? » L'important après tout, c'est d'être disponible et à l'écoute de son enfant, qui a besoin d'être sécurisé.

Comment lui annoncer le décès d'un proche ?
La mort est difficile à expliquer à un jeune enfant, encore plus quand elle concerne un proche parent. Lorsque cela survient, il est toujours délicat de lui annoncer la nouvelle. Certains parents retardent cette annonce, lui cachent la vérité et inventent des excuses, ou même envoient leur bambin chez des amis (le temps des funérailles), ce qui constitue une grave erreur. Le désir de protéger son enfant de la douleur, du chagrin ou de la difficulté de l'épreuve semble peut-être légitime, mais il faut s'abstenir de le surprotéger ainsi ; l'enfant perçoit de toute façon qu'un événement grave s'est produit, et il découvrira tôt

ou tard ce dont il s'agit. Le jeune à qui on a retardé l'annonce de la mort de son parent, à qui on a caché cette réalité, se sentira trahi et perdra confiance envers les gens qui l'entourent. Son deuil n'en sera que plus difficile et douloureux.

Il n'y a pas de bon moment ni de bonne façon d'annoncer la mauvaise nouvelle à son enfant, mais une chose est certaine : il faut lui dire le plus tôt possible et cette annonce devra être faite par un des parents (ou par une personne très proche de l'enfant). Nous devons donc lui apprendre la triste nouvelle tout en douceur, le serrer dans nos bras et lui dire que nous l'aimons et que nous serons là pour surmonter cette épreuve, tous ensemble. Nous devons rassurer notre enfant avant tout, être à l'écoute de ses besoins et en parler afin de le réconforter. La tristesse et le chagrin ne doivent pas être ignorés ni camouflés ; ils l'aideront à affronter ces moments difficiles.

Comment accompagner un enfant dans le deuil ?

La plupart des enfants ont, un jour ou l'autre, à affronter le décès d'un proche. C'est l'empathie et l'affection de ceux qui les entourent qui les aideront à franchir cette étape douloureuse. Les parents sont, bien sûr, les mieux placés pour assister leur enfant au cours de cette période difficile de leur vie.

Voici quelques conseils afin d'y parvenir :

* **Être disponible.** Les parents et les membres de la famille sont parfois tellement bouleversés par le décès ou eux-mêmes si accaparés par leur propre douleur qu'ils oublient de se rendre disponibles aux besoins de réconfort et d'attention de leur enfant. Ils ne voient pas qu'il est sous le choc ou en pleine confusion. Soyez vigilant et redoublez d'attention envers lui : il a besoin de tout votre amour et de toute votre tendresse pour surmonter sa peine ;
* **Être à l'écoute et le laisser s'exprimer.** Soyez à l'écoute de sa peine, peu importe sa façon de l'extérioriser (pleurs, tristesse,

colère, anxiété ou révolte). Accompagnez votre enfant dans cette épreuve et encouragez-le à en parler, à exprimer ses sentiments (verbalement ou non), en précisant qu'il n'y a pas de honte à ça. On ne rend pas service à un enfant en lui demandant d'être « raisonnable » ou de se conduire « comme un grand ». Si l'on tente d'étouffer ses émotions intenses, celles-ci risquent tout simplement de resurgir plus tard sous des formes plus nocives. Encouragez donc votre enfant à parler de ses souvenirs de la personne décédée, à exprimer ce qu'il ressent ou à extérioriser sa peine au moyen de dessins, de bricolage ou d'une lettre. Plus vous lui parlerez de la douleur et des souvenirs qui l'habitent, mieux il s'en portera. Il est à noter que la perte d'un proche est tellement insupportable pour certains enfants qu'ils peuvent réagir en faisant semblant que rien ne s'est passé ou refuser d'en parler. Ne prenez pas ces manifestations comme un signe qu'il a accepté le deuil ;

✳ **Ne pas cacher son propre chagrin.** De votre côté, ne dissimulez pas votre propre peine, ne vous cachez pas pour pleurer : votre enfant apprendra ainsi que c'est normal d'avoir de la peine et de l'extérioriser. Certains adultes dénient la mort, prennent des airs faussement détendus et tentent désespérément de dissimuler tout signe de chagrin ou d'émotivité, surtout devant leur enfant. Devant une telle réaction, celui-ci risque de se sentir seul et abandonné à lui-même et à ses sentiments, qu'il ne pourra pas partager ;

✳ **Conserver le souvenir.** Un enfant qui vit un deuil a besoin du réconfort que ses proches pourront lui procurer par de l'empathie, de la bienveillance et de l'affection. Vous pouvez rappeler à votre enfant que son chagrin va diminuer avec le temps et lui donner le réconfort du souvenir : échangez sur des moments privilégiés, des souvenirs, des anecdotes, regardez un album de photos ou mentionnez-lui qu'il pourra toujours regarder cette photo accrochée au mur ;

✳ **Participer aux rituels du deuil.** Dès que votre enfant a 3 ou 4 ans, n'hésitez pas à le faire participer aux rituels du deuil (au salon, aux funérailles, etc.), selon sa capacité, bien sûr, et tout en assurant un bon encadrement et un soutien constant. Cette démarche lui permettra de mieux comprendre ce qui se passe et de faire le deuil plus facilement;

✳ **Retourner à la routine et à la stabilité.** N'hésitez pas non plus à permettre à votre enfant de retrouver le train-train quotidien de l'école, ses amis, ses activités sportives... Il est important de lui assurer un maximum de stabilité. Le moment serait mal choisi de bousculer toutes ses petites habitudes ou sa routine qui le sécurisait tant avant les événements malheureux. Évitez de surcroît les changements d'horaire, de maison ou d'école;

✳ **Rester patient.** Accepter la mort et surmonter sa peine demandent du temps. N'incitez pas votre enfant à garder le sourire et ne lui reprochez pas d'avoir encore de la peine ou de pleurer à la vue de papa sur la photo de famille, même si cela fait déjà quelques mois qu'il est mort! Évitez tout commentaire peu empathique, par exemple: « Tu t'en es pas encore remis? », « Pourquoi t'es encore triste? », « Voyons! Arrête de pleurer, c'est passé tout ça! » Chaque enfant surmonte sa peine à son rythme, et c'est à nous de le respecter;

✳ **Aviser le personnel de l'école.** La perte d'un proche peut très certainement affecter, temporairement, le comportement, la motivation ou le rendement de l'enfant à l'école. Il est par conséquent conseillé d'aviser le personnel scolaire afin qu'il soit aux aguets ou plus tolérant.

Dois-je l'emmener aux funérailles?

Notre enfant doit-il participer aux cérémonies du deuil? La réponse est oui, et cela dès l'âge de 3 ou 4 ans. Évidemment, à cet âge, il faut que l'enfant le veuille (il ne faut surtout pas le forcer). Il est également important de le préparer et de lui expliquer clairement à quoi il doit s'attendre : le cercueil au salon, le déroulement de la cérémonie, l'ambiance, etc. Finalement, il est recommandé qu'un adulte de son entourage l'accompagne et réponde à ses questions. Pour les plus jeunes (de 3 à 6 ans), on peut apporter des jouets ou des livres pour les occuper ou écourter leur présence au salon funéraire.

Une chose est certaine : ce n'est pas une bonne idée d'écarter son enfant de ces cérémonies sous prétexte qu'on veut le « protéger ». Les funérailles sont des rituels importants, une réunion qui permet d'amadouer la douleur et qui fait du bien. Elles permettent à l'enfant de comprendre ce qui se passe et de bénéficier du soutien familial : paroles réconfortantes, partage d'émotions, gestes de tendresse, témoignages en souvenir de l'être cher... C'est aussi l'occasion pour lui d'extérioriser ses émotions, sa peine, son chagrin et *de les partager* avec ses proches. Ces cérémonies susciteront certainement chez lui des questions et des discussions qui ne seront pas toujours faciles, mais qui seront bénéfiques.

N'oubliez pas que plus vous parlerez de la mort et de vos émotions avec votre enfant, mieux vous vous porterez *tous les deux*. Les funérailles représentent finalement le meilleur moyen pour votre enfant de faire ses adieux à la personne disparue, ce qui l'aidera, comme vous, à faire son deuil.

Quelles sont les réactions possibles et quand faut-il s'inquiéter ?

L'acceptation de la mort est un processus qui peut parfois être long et difficile. Chaque enfant a une réaction différente, selon son âge, sa maturité, les circonstances du décès et la proximité de la personne disparue. Bien que la plupart des enfants expriment chagrin, pleurs et tristesse dans ces moments-là, certains d'entre eux réagissent plutôt par la colère et la révolte, et ressentent de l'anxiété. D'autres nient tout simplement l'événement en faisant semblant que rien ne s'est passé ou en refusant d'en parler. D'autres encore éprouvent une grande agressivité envers la personne décédée qui les a « abandonnés ». Peu importe sa réaction, il faut être à l'écoute de son enfant et ne pas l'empêcher d'exprimer ce qu'il ressent.

Il est aussi possible de remarquer chez certains enfants des changements de comportement en réaction au décès de l'être aimé : troubles du sommeil, anxiété, agressivité soudaine, baisse des résultats scolaires, etc. D'autres réagissent mal et régressent sur le plan de la maturité : ils demandent plus de câlins, de bisous et d'attention. Si votre enfant réagit ainsi, laissez-le venir à vous à son rythme et soyez présent pour combler ce besoin, qui n'est généralement que temporaire.

Dans tous les cas, nous devons demeurer vigilants et attentifs aux réactions ou aux changements de comportement de notre enfant. Cette vigilance peut notamment vous permettre de déceler une réaction fréquente chez les jeunes qui ont perdu une personne très proche : *le sentiment de culpabilité*. Ainsi, il est possible qu'un enfant se sente responsable de la mort du défunt simplement parce qu'il a déjà eu une mauvaise pensée envers lui, parce qu'il a déjà souhaité sa mort (dans un moment de colère) ou même parce qu'il croit ne pas l'avoir assez aimé ! La rivalité fraternelle est tout particulièrement propice au sentiment de culpabilité chez un enfant qui perd son frère ou sa sœur. Il est très important de désamorcer la fausse culpabilité de l'enfant en lui expliquant qu'il n'y est pour rien, que les pensées ne tuent pas et qu'il nous arrive tous d'avoir parfois de mauvaises pensées envers quelqu'un.

Ces réactions sont généralement passagères et peuvent être résolues avec le temps, à l'aide de notre soutien et d'une bonne dose d'attention et de réconfort. Toutefois, si certaines situations perdurent, il est préférable de consulter un professionnel, notamment lorsque l'enfant :

*   présente une tristesse incontrôlable, excessive et que celle-ci perdure ;
*   a un fort sentiment de culpabilité ;
*   montre une totale indifférence (à la mort d'un parent) ;
*   manifeste des comportements agressifs ou destructeurs ;

* perd l'appétit, fait de l'insomnie et des cauchemars sur une période prolongée;
* a tendance à s'éloigner de sa famille et de ses amis, et à s'isoler.

Qu'en est-il de la perte de son animal préféré?

Pour la plupart des enfants, la mort d'un animal de compagnie constitue la première expérience du deuil; c'est la première fois qu'ils ont à affronter la perte d'un « être cher » et le sentiment d'abandon. Il est donc important, comme parents, de faire les bons gestes qui sauront réconforter leurs petits cœurs en peine.

Encore une fois, le mot d'ordre est *honnêteté*. Nous devons dire la vérité à notre enfant sur le décès de son animal, que ce soit par euthanasie, de manière accidentelle ou naturelle. Un enfant est curieux et intéressé aux raisons du décès et il est, de toute manière, prêt à entendre les explications. Il faut éviter de lui mentir sinon, lorsqu'il apprendra la vérité (qui finit souvent par percer), il ressentira un double choc: le chagrin de la perte et la blessure d'avoir été trompé.

Si l'animal est déjà malade, n'hésitez pas à en parler à votre enfant et à le préparer tranquillement à l'éventualité qu'il puisse mourir ou qu'il soit nécessaire de l'euthanasier. Il n'est pas recommandé de lui cacher le décès en lui disant que vous avez donné l'animal à un ami ou encore qu'il est parti. Votre enfant se demandera toujours pourquoi vous l'avez remis à des étrangers ou pourquoi son meilleur ami l'a abandonné. Vous pouvez justifier le besoin d'euthanasier l'animal en lui expliquant que vous l'aimez beaucoup, qu'il n'est plus possible de le soigner, que vous ne voulez pas qu'il souffre davantage et qu'il sera plus heureux ainsi.

La mort d'un animal de compagnie est certainement moins douloureuse, pour les parents, que celle d'un proche, surtout s'il s'agit du poisson rouge de leur fille ou du petit hamster de leur garçon! Toutefois, si votre enfant perd son animal de compagnie, faites preuve d'empathie envers lui ou n'ayez crainte de montrer votre propre chagrin, c'est très sain. Le fait de cacher vos émotions ou de vous montrer indifférent pourrait lui laisser croire que vous êtes insensible et même, à la limite, lui donner l'impression que vous ne seriez peut-être pas triste si lui aussi mourait! Évitez les paroles telles que: « Voyons, arrête de pleurer, ce n'est qu'un chat! », « Tu exagères un peu, ce n'est qu'un animal après tout! »

Qu'il s'agisse du décès d'un animal cher ou de celui d'un proche parent, le deuil est un apprentissage nécessaire. Peu importe l'âge de notre enfant, cette perte lui procure l'occasion de surmonter une épreuve de la vie et de faire un pas vers la maturité. Il n'en tient qu'à nous de bien l'accompagner dans sa démarche.

Les psy-trucs

1. Ne pas éviter le sujet de la mort ni esquiver les questions posées par son enfant, sous prétexte de vouloir « le protéger ». S'il pose les questions, c'est qu'il est prêt à entendre les réponses.

2. Surtout, ne pas mentir ni « enjoliver » la réalité face à la mort d'un proche. Mieux vaut dire la vérité à son enfant, avec des mots bien simples et tout en douceur.

3. Expliquer à son enfant que tout le monde va mourir un jour. Garder, autant que faire se peut, une attitude sereine face à la mort. Cette attitude « se transmettra » à l'enfant, qui aura ainsi beaucoup moins peur de la mort.

4. Annoncer le plus tôt possible à l'enfant le décès d'un proche. Cette annonce doit être faite par un des parents ou par une personne très significative pour lui.

5. Éviter de cacher la vérité à son enfant, d'inventer des excuses ou même de l'envoyer chez des amis, le temps des funérailles.

6. *Rester présent* à son enfant, ne pas le mettre à l'écart, même si l'on est soi-même bousculé ou affecté par le décès. Il a besoin du réconfort et de l'attention de ses parents.

7. Être à l'écoute de son enfant et le laisser exprimer son chagrin. Ne pas lui demander d'être raisonnable ni de « faire son grand ». Plus il extériorisera et partagera sa peine, mieux il s'en portera par la suite.

8. Faire participer son enfant, si possible, aux cérémonies funéraires, tout en assurant un bon encadrement et un soutien constant.

9. Être attentif aux réactions excessives de son enfant (colère, sentiment de culpabilité, indifférence, perte d'appétit, comportement agressif, etc.) et ne pas hésiter à consulter un professionnel, au besoin.

La famille recomposée, tout un défi !

Les questions que tout parent se pose :

* Y a-t-il un délai à respecter entre la séparation et la formation d'une nouvelle famille ?
* Comment faciliter l'arrivée du nouveau conjoint ?
* Une famille recomposée : un défi en tant que couple ?
* Comment aider mon enfant dans cette transition ?
* Comment me faire accepter par les enfants de mon conjoint ?
* Quel est le rôle du beau-parent ?
* Comment favoriser une bonne entente entre les enfants ?
* Le temps : un allié ?

La séparation des parents est une des expériences les plus difficiles qu'un enfant puisse vivre. De plus, celle-ci est généralement suivie d'une période de bouleversements qui demande une grande capacité d'adaptation de sa part. Quand arrivent dans le décor le nouveau conjoint et ses enfants, nous voilà soudainement placés devant un tout autre défi : passer le plus harmonieusement possible de la famille éclatée... à la famille recomposée !

Y a-t-il un délai à respecter entre la séparation et la formation d'une nouvelle famille ?

Certainement. Au fond d'eux-mêmes, les enfants ne veulent pas que leurs parents se séparent. Cette séparation leur demande de faire un deuil, et il leur faut du temps pour l'accepter. Pour eux, l'arrivée hâtive d'un nouveau conjoint peut représenter la fin du rêve ou de l'espoir de voir leurs parents se réconcilier, c'est pourquoi il ne faut pas précipiter cet événement.

En fait, il faut s'assurer que la séparation est *clairement comprise* et *acceptée* par son enfant avant de penser à recomposer une nouvelle famille ou même avant de lui présenter un nouveau conjoint. Si cette personne arrive trop rapidement, l'enfant risque de croire que c'est à cause d'elle que tout s'est écroulé. Mieux vaut lui laisser suffisamment de temps pour retrouver un certain équilibre et s'adapter à sa nouvelle situation avant de lui imposer un autre changement qui risque de l'atteindre sur le plan affectif. Si l'intégration d'un nouveau conjoint est prématurée, le jeune (qui espère encore réunir ses parents), peut mal réagir à la venue de cet « intrus » et tout faire pour entraver, inconsciemment, la bonne entente : indifférence ou mépris face au nouveau conjoint, conflit avec le parent, interventions déplacées dans l'intimité du nouveau couple, provocation de chicanes, désobéissance aux règles que le nouveau conjoint tente d'établir, etc.

Bref, les enfants qui n'ont pas eu le temps de guérir les blessures causées par la rupture de leurs parents auront plus de difficultés que les autres à accepter le nouveau conjoint et montreront plus de résistance à son entrée dans la famille. Il faut donc leur laisser le temps nécessaire à cette phase d'acceptation et d'adaptation, essentielle à toute tentative de recomposition familiale.

Comment faciliter l'arrivée du nouveau conjoint ?

Même si le taux des divorces est stable depuis plusieurs années (entre 35 % et 45 %, selon les pays), les conjoints semblent divorcer de plus en plus tôt, ce qui augmente leurs chances de reformer une famille avec un nouveau partenaire. Cette étape demande cependant un minimum de préparation, dans le but de faciliter son acceptation par les enfants.

Une introduction progressive

L'introduction du nouveau conjoint devrait se faire très progressivement afin de ne pas susciter de l'inquiétude ou même de l'anxiété chez l'enfant. D'abord, préparez votre jeune à l'idée que vous fréquentez une autre personne. Abordez doucement la question ; s'il semble réticent ou s'il présente des réactions négatives, n'insistez pas et attendez encore un peu. Lorsque votre enfant aura compris et aura, avec le temps, accepté un peu plus le fait que vous avez un nouveau conjoint, vous pourrez provoquer de petites rencontres (des croisements au début) dont la fréquence et la durée pourront augmenter au fil du temps. Évitez à tout prix d'*imposer* brusquement le nouveau conjoint. Créez plutôt des occasions d'inclure *graduellement* l'enfant dans votre relation et vos activités afin de permettre à votre nouveau conjoint de se familiariser avec lui et que chacun « s'apprivoise ». Vous établirez ainsi, progressivement, le lien nécessaire pour bien démarrer la relation enfant / beau-parent.

Vous pensez ensuite à la cohabitation ? Encore une fois, assurez-vous que votre enfant a d'abord eu l'occasion de tisser des liens avec le nouveau conjoint. N'oubliez pas que c'est tout autant dans l'intérêt de votre petit que dans celui de votre partenaire ! Il serait peut-être judicieux de commencer par une cohabitation les fins de semaine (permettant ainsi certains ajustements).

On ne remplace pas papa ni maman !

Prenez soin d'expliquer à votre enfant que votre nouveau conjoint ne remplace pas papa ni maman. Votre enfant a besoin de se faire rassurer que vous demeurez ses parents : « Ta mère sera toujours ta mère, ton père sera toujours ton père, ça ne changera jamais. » Il a besoin de savoir que ses parents l'aiment et continueront toujours à l'aimer, même s'ils ne vivent plus ensemble et qu'un nouveau conjoint arrive dans la famille. Peu importe avec lequel des parents l'enfant se retrouve, il doit être convaincu que l'autre l'aime et qu'il demeure accessible en tout temps malgré la séparation.

Cette délicatesse de votre part permettra de minimiser le *conflit de loyauté* que l'enfant risque de développer. Dans le cas de l'arrivée d'une nouvelle conjointe par exemple, ce conflit empêcherait l'enfant de s'investir dans sa relation avec elle par peur de blesser sa mère ou parce qu'il est inquiet que celle-ci prenne la place de sa mère, d'où l'importance de bien lui faire comprendre que personne n'est là pour la remplacer.

Cette personne devra également faire preuve de patience et éviter de jouer un rôle d'autorité pour ne pas nuire à la relation, présente et future.

Une famille recomposée : un défi en tant que couple ?

La recomposition d'une famille représente un bouleversement important tant pour le nouveau couple que pour ses enfants. Ces derniers subissent bien souvent ce changement sans en avoir le contrôle et ont malheureusement bien peu de pouvoirs : ils doivent parfois changer de quartier, d'école, d'amis, de maison, de chambre et même de rôle au sein de la famille. Pis encore, ces enfants ont bien souvent à vivre au sein de deux familles recomposées : celle du père et celle de la mère ! Cela représente donc tout un défi et il faut évidemment s'attendre à faire face à de nombreuses difficultés.

Au sein de toute famille, les conflits sont inévitables et les familles recomposées n'y échappent certainement pas. Les principales sources de conflits sont :

* le pouvoir dans le couple (Qui aura le dernier mot et qui prendra les décisions ?) ;
* le rôle du beau-parent (Quand et comment intervenir avec les enfants de son conjoint ?) ;
* le partage des tâches ménagères et des responsabilités ;
* le partage de l'espace dans la maison (chambres, salon, lieux communs) ;
* le partage de la télé, de l'ordinateur et des jeux vidéo ;
* les difficultés d'adaptation des enfants (leurs réactions) ;
* les règles et les habitudes de vie (les repas, les heures de coucher, etc.) ;

* l'attention et le temps donnés à chacun : à ses enfants versus aux enfants de son conjoint ;
* la rivalité enfant / beau-parent.
* la rivalité entre les enfants.
* le choc des valeurs familiales et de l'éducation.

La famille recomposée n'est évidemment pas une structure qu'on met en place et qui fonctionne instantanément. En tant que couple, il faut s'y préparer sérieusement. Il est essentiel de discuter et de s'entendre sur la façon d'adresser tous ces aspects de la vie en famille recomposée *avant d'entreprendre l'aventure.*

Le couple mis à l'épreuve

Ce qu'il est toujours étonnant de constater, c'est à quel point bien des parents idéalisent la famille recomposée. Ils croient à tort que, parce qu'ils sont amoureux et filent le parfait bonheur en couple, il en sera de même dans la famille recomposée. Or, il en va bien autrement ! Après la lune de miel, le quotidien refait rapidement surface avec tous ses tracas... C'est là que ça se corse et que le nouveau couple est parfois rudement mis à l'épreuve :

> *« Tes enfants sont mal élevés ! »*
> *« Pourquoi n'interviens-tu pas ? »*
> *« Ils ne m'écoutent pas ! »*
> *« Tu t'occupes plus de tes enfants que des miens ! »*
> *« Mes enfants ont le droit, normalement, de faire ça. »*

Il faut donc établir des bases très solides dans le couple avant de penser cohabiter tous ensemble, sans quoi tout risque de s'écrouler. Et cela ne se fait certainement pas quelques semaines ou quelques mois seulement après la séparation !

La conciliation des différences

Les modes de vie familiaux des deux conjoints sont probablement différents : chez Pierre, on peut se lever de table dès qu'on a fini de manger ou regarder la télévision pendant le repas, alors que c'est interdit chez Johanne. Chez Pierre, le samedi est la journée des courses et du ménage, alors que chez Johanne, c'est plutôt la journée des activités en famille. Voilà des situations qui peuvent alourdir la tentative de vie commune. Le nouveau couple a donc tout intérêt à discuter de ces différences et à établir un mode de fonctionnement et des règles communes avant la cohabitation. Cette « charte familiale » constitue les fondements de toute famille recomposée. Fort heureusement, les couples qui songent à vivre ensemble ont bien souvent des points, des valeurs et des modes de vie communs, et cette conciliation des différences aura probablement été entamée bien avant l'emménagement.

Une famille recomposée... à temps partiel ?

Le projet de la famille recomposée vous apparaît un peu trop lourd ? Vous n'êtes pas sûr que tous soient prêts à faire le saut ou à accepter tous les compromis nécessaires ? Il est alors possible d'envisager une période d'essai ou une phase transitoire (une cohabitation de fin de semaine) ou même de retarder quelque peu le projet. Cela permet à tous et chacun d'avoir le temps nécessaire pour s'apprivoiser et de tisser progressivement des liens qui faciliteront l'intégration en famille recomposée.

Comment aider mon enfant dans cette transition ?

On se rappelle que les enfants n'ont pas choisi cette situation, mais qu'ils la subissent. Il est donc normal que certains réagissent mal. Mettez-vous à leur place : on vous propose d'aller vivre avec quelqu'un que vous connaissez peu ou que vous ne connaissez pas du tout (ou même, ultimement, que vous n'aimez pas !). De plus, on vous annonce que, pour vivre avec cette personne, vous devrez peut-être déménager dans un autre quartier ou dans une nouvelle maison, loin de vos amis... Pas évident que vous allez sauter de joie, n'est-ce pas !

Une réaction différente selon l'âge ?

La séparation, l'arrivée d'un nouveau conjoint et la recomposition d'une famille peuvent affecter certains enfants plus que d'autres. Bien que cela semble plus facile chez les enfants en bas âge, il peut en être autrement à l'âge scolaire.

Plus les enfants sont âgés et plus la difficulté de s'adapter à la cohabitation est grande : ayant déjà vécu plusieurs années en famille (avec leurs deux parents), il leur est de plus en plus difficile de mettre tout ce bagage de côté pour repartir à zéro dans une nouvelle fratrie. C'est finalement chez les adolescents que la réaction peut être la plus intense en raison de leur si grand besoin d'intimité, de leur besoin de s'approprier *leur* territoire et, évidemment, de leur immense besoin de s'affirmer et de s'opposer.

Mon enfant réagit mal. Comment intervenir ?

Pour les enfants d'âge scolaire (qui n'ont bien souvent aucun mot à dire sur les décisions de leurs parents), la famille recomposée est un bouleversement qu'ils subissent et auquel ils peuvent réagir de façon importante, surtout si c'est fait trop hâtivement. Voici quelques réactions possibles :

* tristesse (ennui vis-à-vis du parent absent) ;
* fragilité sur le plan émotif : crises ou pleurs plus fréquents ;
* sentiment d'insécurité, anxiété ou nervosité ;
* repli sur soi (l'enfant ne communique plus) ;
* passivité marquée, attitude amorphe, mutisme ;
* perte de motivation à l'école ;
* perte d'appétit ;
* troubles du sommeil ;
* problèmes soudains de socialisation et d'adaptation (comportement plus agressif, désobéissance, etc.) ;
* rejet du conjoint (désobéissance, impolitesse, indifférence).

Il ne faut surtout pas interpréter ces comportements ou ces réactions comme des gestes de manipulation ou des caprices, mais plutôt comme des signes de détresse. Voici quelques recommandations à ce sujet.

Être à l'écoute et éviter d'exercer de la pression

Il faut redoubler d'attention, être ouvert, à l'écoute de son enfant et respecter ses manifestations s'il est en pleine phase d'adaptation dans la famille recomposée. Laissez à votre enfant le droit de verbaliser ce qui le dérange, et ce, même si c'est pour vous dire qu'il s'ennuie de sa mère ou de son père, qu'il n'aime pas votre nouveau conjoint ou l'un de ses enfants, qu'il déteste sa nouvelle chambre, etc. Il est important de ne pas être sur la défensive ; au contraire, il faut faire preuve d'ouverture afin d'éviter de « mettre de la pression » sur son enfant (une pression que bien des parents alimentent) pour qu'il ressente le même niveau de joie et de bonheur que vous ressentez en tant que nouveau couple.

Cette pression est malsaine : lorsque l'enfant réagit mal à sa nouvelle situation, vous lui donnez l'impression qu'il contribue à « gâcher » ce que votre couple essaie de bâtir. Évitez absolument de mettre ce fardeau sur les épaules de votre enfant !

« Est-ce que tu le fais exprès ? Tu veux que Richard me quitte ? »
« Tu veux pas que maman soit heureuse ? »
« Continue comme ça et on va se retrouver tout seuls ! »
« Pourquoi tu fais ça ? Tu veux tout gâcher ? »

Voilà des phrases qui révèlent bien le manque d'écoute d'un parent envers la détresse de son enfant.

Minimiser les changements

Bien qu'il soit normal, après une rupture et avec la venue du nouveau conjoint, de vouloir introduire des changements dans sa vie, il faut essayer de les limiter. Votre enfant aura certainement beaucoup plus de difficultés à s'adapter si vous tentez de tout changer et s'il n'a pas la chance de préserver quelques *liens avec le passé*. Certains enfants réussissent à passer à travers cette étape en s'accrochant à certains éléments réconfortants de leur vie antérieure, à certaines habitudes sécurisantes. Faites attention de ne pas éliminer soudainement tous les petits repères sécurisants de votre jeune et évitez le déménagement, le changement d'école ou d'amis, si possible.

Il est également important de *maintenir le plus possible* la routine des enfants; cela les aidera à se stabiliser sur le plan émotif et à s'adapter au sein de la famille recomposée. Le nouveau conjoint a donc tout avantage à accepter le traditionnel repas gastronomique du samedi soir, le brunch en famille du dimanche ou simplement la soirée cinéma du premier vendredi soir du mois!

Préserver un bon lien entre parents

Essayez de garder un bon contact et une bonne relation avec votre ex-conjoint, *surtout devant votre enfant*. Ce dernier ne doit jamais être amené à choisir l'un ou l'autre de ses parents. Cette bonne relation minimisera le conflit de loyauté qu'il pourrait développer et qui l'empêcherait d'établir une bonne relation avec le nouveau conjoint. Si vous respectez votre ex-conjoint et que vous encouragez votre enfant à entretenir les contacts nécessaires au maintien de leur relation (visite, téléphone, activités, etc.), vous l'aiderez à accepter sa nouvelle situation.

Bref, soyez attentif aux réactions de votre enfant et restez ouvert à ses propos afin de rajuster le tir, au besoin, de le sécuriser, de solidifier votre relation et de lui montrer le respect qu'il mérite. Une telle attitude lui permettra éventuellement d'accepter les changements qui lui sont infligés et facilitera son adaptation et son intégration progressive dans cette nouvelle réalité imposée.

Comment me faire accepter par les enfants de mon conjoint?

L'intégration du nouveau conjoint dans la famille est une phase délicate qui demande beaucoup de doigté. Il se retrouve devant des enfants qu'il ne connaît pas ou qu'il connaît peu et avec qui il devra partager le quotidien. Pas facile! Cette absence d'un passé commun fragilise cette relation, et il est bien normal que certains enfants réagissent mal et manifestent des signes de rejet. Il faut évidemment se laisser le temps de bâtir un vécu partagé et de créer par la même occasion les souvenirs qui manquent tant à cette famille recomposée... Mais encore faut-il savoir s'y prendre! Les suggestions suivantes vous donneront quelques pistes à cet effet.

* **Prendre le temps de tisser des liens.** Si nos enfants acceptent nos règles et les contraintes qui viennent avec ces règles, c'est parce qu'ils nous respectent, nous aiment, nous apprécient et ne veulent pas briser le lien affectif qui nous unit. En tant que beau-parent, c'est sur cette base que vous devez tenter de bâtir votre relation avec les enfants de votre partenaire: établissez d'abord un bon lien affectif avant d'imposer ou de demander quoi que ce soit, sans quoi vous serez perçu comme un étranger qui débarque sur leur territoire et qui tente d'imposer son autorité!

* **Prendre le temps de s'apprivoiser.** En tant que beau-parent, vous devez prendre le temps «d'apprivoiser» les enfants qui vont partager votre vie. Comme avec toute personne avec

laquelle on veut établir une relation, il faut prendre le temps de faire connaissance et de se découvrir. N'hésitez donc pas à leur poser des questions sur leurs habitudes, sur ce qu'ils aiment et ce qu'ils n'aiment pas. Demandez-leur ce qu'ils désirent ajouter sur la liste d'épicerie ou au repas, proposez-leur des activités qu'ils aiment, feuilletez avec eux leur album de photos afin de découvrir et de partager une partie de leur histoire qui demeure très importante pour eux. Votre intérêt et votre ouverture vis-à-vis de cette partie de leur vie, avec leurs deux parents, vous aideront à gagner leur respect.

* S'intégrer progressivement. Le cas de la nouvelle conjointe qui s'installe dans la maison familiale et qui, par excès de bonne volonté, veut redécorer le salon, réaménager la cuisine et changer les accessoires (pour que ce soit « plus fonctionnel »), qui veut modifier certaines règles ou les menus (pour qu'ils soient plus « santé »), est un exemple typique. Les enfants, qui voient ainsi leur mode de vie bouleversé, auront certainement tendance à résister ou même à se révolter. Malgré toute la bonne volonté et les efforts de la nouvelle conjointe, elle sera perçue comme une intruse dans leur vie et sera rejetée. La meilleure façon de vous intégrer au sein de votre famille recomposée est de vous impliquer *progressivement*, sans vous montrer trop pressant ni envahissant.

* **Éviter de se placer « en compétition » avec les enfants.** Bien que vous soyez en pleine lune de miel avec votre nouveau conjoint et que vous vouliez qu'il soit « rien qu'à vous », il faut accepter et respecter les besoins et les demandes d'attention de ses enfants. Si la petite demoiselle s'interpose entre vous pour avoir un petit câlin de son père, essayez de prendre un peu de recul et évitez de réagir : plus vous démontrerez que cela vous agace, plus la rivalité augmentera ! Si vous désirez par exemple vous asseoir sur le canapé déjà occupé par votre conjoint et sa fille (tout collés !), ne cherchez pas à vous inter-

poser ou ne lui demandez pas de libérer la place parce que celle-ci vous est prétendument « destinée » ! Si vous respectez son besoin, elle sentira que vous acceptez le fait qu'elle a droit à une place privilégiée auprès de son papa et vous respectera en retour pour cette attitude.

* **Respecter les moments exclusifs du conjoint avec ses enfants.** Laissez l'enfant avoir des activités en exclusivité avec son parent biologique, il en a besoin ! Vous vous sentirez peut-être exclu ou menacé, mais ce temps permettra de rassurer l'enfant sur la place qu'il occupe auprès de son parent. Ces moments forts de rapprochement avec le parent biologique faciliteront par le fait même l'acceptation du beau-parent et du reste de sa famille.

* **Respecter l'ex du conjoint.** Ne vous offusquez pas si l'enfant de votre conjoint s'ennuie de sa mère, vous parle d'elle ou la réclame. Si vous faites preuve d'ouverture et de respect envers l'ex de votre conjoint, c'est le respect de ce jeune que vous récolterez. Il ne vous est certes pas facile d'entendre quelqu'un parler en mal de vos propres parents, alors imaginez quelle serait la réaction de ce petit si vous en faisiez autant envers sa mère ou son père ! *Évitez donc de critiquer l'autre parent.*

* **Éviter les comparaisons entre les enfants.** Soyez prudent : évitez les favoris et, surtout, faites attention de ne pas comparer les enfants de votre conjoint avec les vôtres.

* **Faire preuve de patience et de tolérance.** Même si ce n'est pas l'harmonie totale avec les enfants de votre conjoint, faites preuve d'ouverture et de tolérance. Surtout, réagissez et intervenez avec modération et avec la distance qu'impose votre statut.

Malgré tous vos efforts, il est possible que l'enfant de votre conjoint ne vous aime pas. Vous devez prendre conscience qu'il n'est pas tenu de vous aimer. Il a par contre l'obligation de vous respecter et d'apprendre à vivre avec vous. Dans un tel cas, le temps est votre allié. Si, malgré tout, rien n'y fait et que l'enfant de votre conjoint persiste à vous repousser et à vous rejeter, c'est peut-être un signe qu'il n'a pas encore accepté la séparation de ses parents. Il est alors préférable de recourir à un professionnel afin de l'aider à accepter cette situation.

Quel est le rôle du beau-parent ?

Le rôle le plus délicat à définir dans la famille recomposée est certainement celui de beau-parent. On ne le devient pas simplement parce qu'on vit dans la même maison que l'enfant de son conjoint. On devient un beau-parent apprécié et respecté au fur et à mesure qu'on réussit à tisser des liens avec l'enfant et qu'on parvient à prendre la place qui nous revient, sans plus. Voilà le défi.

Bien des conjoints trouvent difficile de bien juger les limites à respecter en tant que beau-parent et font malheureusement face à de fortes réactions de la part des enfants. Il ne faut surtout pas prendre cette attitude de rejet comme une attaque personnelle. C'est souvent le *rôle* ou la *place* que vous prenez que l'enfant conteste, et non vous comme personne. Dans une telle situation, il vous faudra reconsidérer cette place, prendre un peu de recul et réévaluer le rôle que vous tentez de prendre au sein de la famille recomposée. Voici quelques conseils :

* **Ne pas tenter de remplacer le parent biologique.** La belle-mère ne devrait pas jouer le rôle inhérent à la mère biologique ni tenter de se substituer à elle. L'enfant n'acceptera pas cette attitude et finira par lancer ces phrases : « Tu n'es pas ma mère ! », « Mêle-toi de tes affaires ! », « C'est ma mère qui va décider ! »... Il faut accepter ce fait et rassurer l'enfant : « Nous allons prendre le temps de nous connaître et sois certain que je ne veux pas prendre la place de ta mère. »
* **Intervenir en accord avec le parent.** Intervenez auprès des enfants en respectant les valeurs qui leur ont été transmises. Surtout, ne jugez pas ce que votre conjoint a inculqué à ses

enfants. Bien souvent, chacun reproche à l'autre la façon dont il a élevé ses rejetons ou les méthodes qu'il a utilisées. Si vous avez des désaccords sur ce plan, n'en discutez pas devant les enfants. Idéalement, les nouveaux partenaires de vie doivent s'entendre sur ces éléments bien avant d'entreprendre la cohabitation.

✳ **Laisser les décisions importantes au parent biologique.** C'est le cas, entre autres, pour tout ce qui touche l'éducation scolaire. Le beau-père qui endosse, dès son arrivée, le rôle de pourvoyeur, d'éducateur, de chef de famille et qui distribue généreusement ses opinions et ses conseils aux enfants comme à la mère, est un exemple typique. À la base, ses intentions peuvent être très bonnes, mais elles sont déplacées et risquent d'être très mal perçues. Comme il n'a pas d'autorité parentale, son rôle devrait plutôt se limiter à soutenir les décisions du parent biologique et à faire preuve de ce qu'on appelle une *autorité de proximité*, qui consiste à appliquer au quotidien les règles de base de la « charte familiale ».

✳ **Savoir se faire respecter.** Bien que vous deviez faire preuve de tolérance et de patience envers les enfants de votre conjoint, sachez vous faire respecter, comme tout autre adulte qui serait en situation d'autorité par rapport à un enfant (par exemple la gardienne, l'enseignant ou l'entraîneur sportif). Sachez rester ferme si vous sentez qu'un enfant est impoli ou qu'il manque de respect envers vous. En cas de conflits, il serait par contre souhaitable de laisser à son parent le soin d'intervenir et d'appliquer les conséquences, s'il y a lieu. D'ailleurs, il est naturel d'obtenir l'appui du parent biologique dans ce maintien du respect.

✳ **Ne pas s'interposer lorsque le parent intervient auprès de son enfant.** « Écoute ta mère quand elle te parle ! », « Ne parle pas comme ça à ton père ! », voilà des exemples d'interventions à ne pas reproduire ! D'ailleurs, il n'est pas souhaitable que l'arrivée d'un nouveau conjoint change notre rôle en tant que parents. Mieux vaut préserver l'autorité que l'on a sur ses propres enfants et ne pas s'en remettre entièrement au nouveau conjoint. Nos enfants sont là pour la vie, ce qui n'est pas garanti pour le nouveau partenaire!

Il est parfois difficile de savoir où tracer les limites de notre rôle de beau-parent. Dans le doute, nous devrions nous rappeler la petite phrase clé suivante: «Mêlons-nous de nos affaires!» Mieux vaut être plus prudent et prendre un peu de recul afin d'éviter les débordements qui risquent de mettre en péril la relation avec les enfants de notre nouvel amour! *Tentons de mettre toute notre énergie à bâtir des liens avec eux plutôt que de jouer à la police!*

Comment favoriser une belle entente entre les enfants?

La rivalité entre frères et sœurs est un phénomène normal qui se traduit souvent par des querelles dans la majorité des familles. La situation n'est certainement pas différente dans les familles recomposées! Bien que les deux partenaires aient choisi de vivre ensemble, il en est tout autrement des enfants, qui doivent maintenant partager leur quotidien avec de nouveaux «frères» ou «sœurs» par alliance. Il n'est surtout pas garanti qu'ils réussiront à s'accepter ou à s'entendre facilement, particulièrement au début! Leur manque d'histoire commune, de vécu commun, les différences dans les habitudes, les mentalités et les valeurs entraînent forcément une certaine distance et peuvent devenir sources de conflits ou de querelles importantes.

Pas évident non plus de redistribuer les rôles de chacun: l'enfant unique qui se retrouve noyé dans la nouvelle fratrie, l'aîné qui perd son statut ou le bébé de la famille qui doit soudainement prendre soin de son nouveau petit frère! Ce n'est qu'avec le temps que ces enfants réussiront progressivement à reprendre leur place au sein de la fratrie et à reconstruire un climat familial commun.

Les trucs suivants faciliteront les relations entre les enfants de la famille recomposée.

* **Laisser aux enfants le temps de s'apprivoiser, de se connaître.** Il ne faut pas forcer les enfants à faire des choses ensemble. Surtout, il ne faut pas exiger d'eux qu'ils s'entendent « comme frères et sœurs »! Soyez patient et respectez leur rythme.

* **Essayer de découvrir les intérêts communs.** Tentez de découvrir les activités préférées communes qu'ils pourront partager et qui leur permettront de développer la complicité et les liens essentiels à la bonne entente.

* **Garder une communication bien ouverte.** Soyez attentif aux besoins et aux revendications des enfants et créez des occasions d'en parler : « Je ne veux pas que Mathieu prenne mes BD sans me le demander », « Julie fouille toujours dans mes vêtements! » Le repas, par exemple, peut devenir une occasion pour chacun d'exprimer ses préoccupations ou ses besoins, de donner son avis, bref d'établir les bases de la nouvelle famille.

* **Faire des choses ensemble.** Partagez des activités (activités de groupe, jeux, etc.) avec les enfants. Cela permettra à tout le monde de mieux se connaître et de développer ainsi une certaine forme de complicité. C'est le vécu partagé qui crée les souvenirs manquants et les liens qui tissent la famille recomposée.

* **Éviter les favoris.** Soyez prudent : les règles et les attentes doivent être les mêmes pour vos propres enfants que pour ceux du nouveau conjoint (du même âge). Il serait difficilement acceptable de permettre que l'heure du coucher soit différente selon le parent, n'est-ce pas?

* **Faire des activités seul avec ses propres enfants.** N'hésitez pas à susciter des occasions de *recréer la fratrie d'avant*. Vos enfants ont besoin de sentir que le noyau de base existe tou-

jours. C'est une sécurité qui leur permettra de mieux accepter la vie avec le reste de la tribu !

* **Prendre en considération le partage de l'espace et le besoin d'intimité de chacun.** Le partage de l'espace et le besoin d'intimité sont à la base de bien des tensions, des conflits et des jalousies. Pour la famille qui débarque chez le nouveau conjoint (les « arrivants »), le sentiment d'être intrus dans la maison et de ne pas se sentir chez soi est difficile à évacuer. À l'inverse, les membres de la famille qui accueillent (les « occupants ») peuvent se sentir envahis par ces nouveaux venus qui débarquent dans leur quotidien. Dans tous les cas, le partage de l'espace est délicat et devra être planifié adéquatement afin de tenir compte du besoin d'intimité de chacun.

Malgré tout, si les disputes persistent et qu'il y a mésentente chronique entre les enfants, n'hésitez pas à faire appel à un intervenant (psychologue, travailleur social, etc.) ; il vous donnera des moyens supplémentaires pour stabiliser la situation. Toutefois, gardez à l'esprit que, dans toute famille, la rivalité entre frères et sœurs et les querelles sont monnaie courante ; c'est également le cas dans les familles recomposées !

Le temps : un allié ?

La famille recomposée n'est pas une structure qu'on met en place trop hâtivement et qui fonctionne instantanément. C'est plutôt un processus qui se prépare, se vit, se bâtit au fil des jours, et qui demande des rajustements constants. Le temps demeure notre meilleur allié. Nous devons entre-temps rester à l'écoute de nos enfants, les soutenir et les guider, petit à petit, dans cette nouvelle vie qui va dorénavant être la leur !

Les psy-trucs

1. Ne pas précipiter l'arrivée d'un nouveau conjoint ou la cohabitation. Laisser aux enfants le temps d'accepter la séparation de leurs parents et de faire leur deuil.

2. Favoriser une introduction progressive du nouveau conjoint.

3. Discuter en couple, et à l'avance, des règles, des habitudes et des valeurs à privilégier afin d'obtenir un consensus *avant* d'entreprendre l'aventure en famille recomposée.

4. Rester à l'écoute et ouvert aux manifestations ou aux réactions négatives de son enfant. Éviter de reporter sur ses épaules le succès de l'opération.

5. Minimiser les changements (maison, quartier, école...) et maintenir certaines habitudes ou routines.

6. En tant que beau-parent, éviter d'en faire trop auprès des enfants du nouveau conjoint. Prendre le temps de s'apprivoiser les uns les autres, de se connaître, de tisser des liens.

7. Ne pas chercher à remplacer la mère ou le père de l'enfant. Le rôle du beau-parent n'est pas de faire preuve d'autorité parentale, mais de soutenir le conjoint sur ce plan.

8. Respecter les moments exclusifs du conjoint avec ses enfants. Surtout, éviter de se placer entre eux ou, pis encore, de « se mettre en compétition » !

9. Respecter l'ex du conjoint; ses enfants apprécieront cette attitude et y répondront à leur tour par le respect.

10. Bien planifier le partage des espaces communs et l'intimité de chacun des enfants au sein de la nouvelle famille.

11. Faire des activités avec les enfants des deux familles afin de favoriser la complicité entre tous, de tisser des liens et de créer des souvenirs communs.

12. Être juste envers les enfants. Éviter les favoris et appliquer les mêmes règles à tous.

Le stress chez l'enfant

Les questions que tout parent se pose :

* Qu'est-ce que le stress chez l'enfant ?
* Pourquoi mon enfant est-il stressé (les sources de stress) ?
* Quels sont les signes et les conséquences du stress ?
* Comment aider mon enfant à gérer et à réduire son stress ?

Les journées des enfants ressemblent parfois à une véritable course contre la montre ! Le réveil matinal, le transport scolaire, l'école, les devoirs et leçons, et les nombreuses activités parascolaires s'enchaînent à un rythme effréné... Et tout cela dans une société hyperactive marquée par le tourbillon incessant des médias, des communications, d'Internet... Il n'est pas surprenant que nos enfants se sentent parfois dépassés par la situation et vivent un niveau de stress important, et ce, au quotidien.

Qu'est-ce que le stress chez l'enfant ?

Le mot *stress* est issu du latin *stringere* qui veut dire « serrer » et qui nous renvoie à la notion de tension ou de pression. Le stress est la réaction physiologique et psychologique d'une personne à des situations ou à des contraintes qui lui sont imposées.

Le stress en soi peut être une bonne chose ; tout est une question de dosage. On parle de « bon stress » quand celui-ci stimule et active nos sens afin de nous aider à faire face à certaines situations ou à nous surpasser. C'est ce stress qui nous aide à atteindre nos objectifs, à avancer, à évoluer, à progresser. Il nous permet également de nous adapter à des changements ou à des exigences que nous ne pouvons pas éviter. Finalement, ce « bon stress » nous permet de réagir de manière immédiate et efficace à une situation d'urgence.

Mais il y a aussi le « mauvais stress ». C'est lui qui nous oblige à utiliser toutes nos énergies ou nos réserves pour affronter des problèmes ou des situations simples vécues au *quotidien*, des situations presque « ordinaires », routinières et récurrentes de la vie de tous les jours.

C'est la façon de réagir à une situation qui détermine la capacité d'adaptation ou la « tolérance » d'une personne par rapport à une autre. Certains individus auront une réaction de stress intense et prolongée vis-à-vis d'une situation, alors que d'autres la trouveront banale et même normale. La personnalité de chacun influe donc sur la réaction au stress.

Peu importe la forme qu'il prendra, le stress est une notion bien connue et vécue par la majorité des adultes. Bien que celui-ci soit toléré, accepté et même banalisé dans le monde des adultes, il en va tout autrement des enfants, qui en sont malheureusement aussi victimes : école, devoirs, transport scolaire, activités parascolaires, examens, séparation des parents, déménagement, changement de milieu... Certains s'y adaptent, d'autres finissent par s'épuiser ou réagissent mal et manifestent leur désarroi de diverses manières.

Pourquoi mon enfant est-il stressé ?

Même s'il semble exister des prédispositions génétiques au stress, tous les enfants en seront victimes un jour ou l'autre. Nous avons parfois tendance, comme adultes, à surévaluer la capacité d'adaptation de nos enfants et à minimiser ou à banaliser certaines situations ou certains événements pouvant provoquer chez eux de la tension.

Le stress peut avoir de multiples causes ; selon celles-ci, on peut le classer dans l'une ou l'autre des catégories suivantes :

1. **Stress réactionnel.** Cette forme de stress, généralement temporaire, est une réaction à un événement soudain, par exemple un déménagement, un changement d'école, la naissance d'un petit frère ou d'une petite sœur, le décès d'un parent, la séparation des

parents, l'hospitalisation d'un proche, l'arrivée d'un nouveau conjoint dans le décor ou la création d'une famille recomposée.

2. **Stress chronique.** Cette forme de stress est provoquée par un événement perturbant, répétitif ou par une pression prolongée sur l'enfant, par exemple par des querelles persistantes à la maison, des mauvais traitements, une trop grande pression scolaire ou un horaire constamment surchargé... Ce stress peut entraîner des troubles sérieux (anxiété, angoisse) chez l'enfant s'il est vécu intensément et s'il est persistant.

Voyons plus en détail quelques sources de stress chez les jeunes.

* **Un milieu familial instable ou troublé.** L'environnement affectif d'un enfant est essentiel à son bien-être intérieur. Lorsque celui-ci est instable ou troublé, il peut constituer une source importante de stress ; c'est le cas lorsqu'il y a violence physique ou verbale, lorsque les cris, les chicanes entre frères et sœurs, les disputes des parents, les réprimandes, les crises font partie du quotidien de l'enfant.

* **Une séparation ou un divorce.** La séparation et le divorce des parents sont toujours des épreuves difficiles pour un enfant, qui voit ainsi s'écrouler son modèle de référence familiale. Il s'agit d'une source d'anxiété importante qu'il faudra minimiser en rassurant l'enfant le mieux possible : il craint l'abandon, le vide ; il a besoin de savoir qu'on l'aime et qu'il ne se retrouvera pas seul (voir « Papa et maman se séparent ! », à la page 151).

* **Un horaire surchargé ou le surmenage.** Nous imposons parfois, involontairement, un rythme de vie effréné et un horaire surchargé à nos enfants, ce qui nous oblige à les talonner, à les pousser sans cesse et à constamment les ramener à l'ordre : « Allez ! vite ! dépêche-toi de manger ! », « Il te reste 10 minutes

pour t'habiller... », « Allez ! On va être en retard ! » Le stress du matin, les transports, les cours, les activités parascolaires, le repas du soir, les devoirs, les leçons, puis le dodo... Ils n'ont pas beaucoup de répit pour se relaxer. Pas étonnant que nos enfants soient si stressés ! Nous avons également tendance à les surcharger d'activités qu'ils doivent faire le soir après l'école ou les fins de semaine : sports, leçons de musique, cours de natation... *Les enfants ont besoin d'avoir du temps libre pour se détendre après l'école et pour jouer* ; ils n'ont certainement pas besoin de vivre des fins de semaine aussi chargées que leur semaine d'école ! Si votre enfant commence à se plaindre qu'il est fatigué, qu'il a trop d'activités ou s'il manifeste de la réticence à suivre l'horaire hebdomadaire, il vaudrait peut-être mieux en discuter avec lui et vérifier s'il n'y a pas moyen de ralentir quelque peu le rythme. Si vous jugez important qu'il termine ce qu'il a commencé (surtout si les activités représentent *un choix* qu'il a fait), reconsidérez celles-ci avec lui à la prochaine session.

✳ **Une discipline trop rigide ou de trop nombreuses responsabilités.** « Fais pas ci, fais pas ça ! », « N'oublie pas de faire ceci ou cela ! », « Tu devrais plutôt m'aider au lieu de jouer ou de regarder la télé ! », « Prends soin de ta sœur pendant que je fais mes commissions... » Bien qu'il soit important de maintenir les règles et les limites, et d'assurer un bon encadrement à notre enfant, il faut éviter que cela devienne trop lourd et que les seules interactions que l'on ait avec lui se bornent à faire la discipline ou à répéter sans cesse les consignes. Une telle façon de faire exercerait sur lui une pression quotidienne et un stress négatif. Il faut également éviter de lui assigner des responsabilités qui ne sont pas de son groupe d'âge et qui devraient plutôt nous appartenir, comme parents.

✳ **Des attentes élevées.** Nous désirons tous ce qu'il y a de mieux pour nos enfants. Certains d'entre nous exigent toutefois le meilleur d'eux en toute occasion et nourrissent des attentes très élevées « pour leur bien ». Généralement, les parents qui ont « bien réussi leur vie » ont également de grandes attentes envers leurs enfants, même si ces derniers n'ont pas la même motivation ou les mêmes buts dans la vie. Ils ont alors tendance à pousser leurs rejetons à exceller, à performer en tout et sont motivés (plus que leurs enfants eux-mêmes) à les inscrire à tout plein d'activités afin qu'ils puissent se développer au maximum. Ces situations peuvent devenir une source de stress et de frustrations pour les enfants, surtout s'ils ne partagent pas les mêmes intérêts ou les mêmes aspirations.

✳ **Des problèmes familiaux.** Le niveau de stress d'un enfant peut augmenter à la suite d'événements que subissent les parents et qui ne sont pas de son contrôle : ennuis au travail, problèmes financiers, perte d'emploi, conflits familiaux... Il faut être prudent et éviter de placer inutilement son enfant devant ces situations ou ces problèmes, car ils ne le concernent pas vraiment. Si vous vivez des épreuves, évitez d'en parler devant votre enfant, sans quoi il aura tendance à s'approprier une partie de votre anxiété et de votre stress.

✳ **Une maladie ou un décès.** La maladie ou la mort d'un proche (et même d'un animal de compagnie) sont des facteurs aggravants qui élèvent le niveau de stress ou d'anxiété de l'enfant (déjà aux prises avec ses petits stress quotidiens). (Voir « Comment lui parler de la mort ? », à la page 185.)

✳ **Un déménagement.** Qui dit déménagement dit aussi souvent changement d'amis, de quartier et d'école. L'enfant doit quitter un environnement sécurisant, réconfortant, dans lequel il se sentait bien, pour affronter l'inconnu. Cette situation est évidemment stressante et peut occasionner de l'insécurité, de la confusion et de l'anxiété.

✳ **Des difficultés ou une trop grande pression sur le plan social.** La difficulté à se faire des amis, le rejet, l'intimidation et même la pression des amis peuvent constituer des sources de stress. Nos enfants sont souvent influencés par ce que les autres enfants ou les amis font ou pensent d'eux. Leur volonté de vouloir s'intégrer ou de se conformer aux modes ou aux habitudes du groupe (pour être « cool ») peut leur causer du stress.

✻ **L'école.** La vie scolaire est une étape importante pour nos enfants. Elle comporte son lot de situations nouvelles auxquelles ils devront s'adapter, y compris des éléments qui peuvent engendrer du stress ou de l'anxiété : l'obligation d'obéir à de multiples contraintes et règles dans un encadrement plus serré, le souci de performance, les comparaisons avec les autres, les amis, le rejet, les changements d'enseignants, etc.

✻ **La performance scolaire.** Voilà une source importante et fréquente de stress et d'anxiété chez l'enfant qui semble se déclarer de plus en plus tôt dans la vie scolaire... même au niveau primaire ! Nous avons à cœur la réussite scolaire de nos enfants et avons parfois tendance à élever un peu trop nos attentes et à exiger d'eux qu'ils soient très performants, d'où l'apparition du stress de la performance scolaire.

Le stress de la performance scolaire

Un enfant peut développer très tôt un stress de performance, seul ou « avec l'aide » de ses parents. S'il a toujours reçu, avant le primaire, des éloges et des encouragements de leur part et qu'il a constamment été perçu comme le « meilleur » à leurs yeux ou aux yeux de la famille, il est possible qu'il éprouve de la difficulté à accepter de ne pas toujours être le premier dans sa classe. Il fait soudainement face à une dure réalité qui peut lui occasionner un stress de performance.

D'autres enfants ressentent une forte pression de leurs parents qui ont des exigences et des attentes trop élevées. Ces derniers, sans cesse insatisfaits, en demandent toujours plus, ce qui contribue au mal-être de leurs enfants.

Le stress de la performance scolaire n'est pas vécu seulement par les enfants performants qui tolèrent peu l'échec ou qui ne satisfont pas à toutes les attentes de leurs parents. Les jeunes qui ont des difficultés à l'école et qui craignent les résultats négatifs ou le redoublement, malgré les efforts fournis, vivent aussi ce stress, de même que ceux qui ont développé un *sentiment d'incompétence* et qui ne se sentent pas capables de réussir. Ce stress de la performance engendre bien souvent un cercle vicieux:

> *Plus l'enfant est stressé, moins il réussit et*
> *moins il réussit, plus il est stressé.*

Un enfant stressé ou anxieux devant un examen aura du mal à se concentrer et mettra beaucoup d'énergie à contrôler son stress et sa concentration, énergie qu'il n'aura malheureusement pas pour faire l'examen lui-même.

Toutes ces situations difficiles peuvent amener l'enfant à manifester son stress de diverses manières: troubles du sommeil, maux de ventre, maux de tête, nausées... «Maman, j'ai mal au ventre!»: voilà une phrase connue de bien des parents dont les enfants sont stressés ou anxieux concernant l'école! Les jeunes ont en effet parfois tendance à se plaindre de certains maux afin d'éviter d'affronter la situation qui les stresse tant.

Dans de telles circonstances, nous nous devons de rassurer notre enfant et de prendre du recul pour résoudre ce mal-être. Il nous faut reconsidérer nos attentes et nos exigences et lui faire comprendre qu'il n'est pas tenu d'être toujours et partout le meilleur et le plus performant. *Il peut être simplement lui-même!*

Quels sont les signes et les conséquences du stress?

Je l'ai mentionné un peu plus haut, chaque personne réagit différemment au stress. Ce qui peut être un agent stressant pour un enfant ne l'est pas nécessairement pour un autre. Où faut-il placer la limite des sources de stress chez un enfant ? Comment savoir ce qui peut constituer un élément de stress majeur pour lui ? Ce n'est pas nécessairement facile d'en faire une bonne évaluation, mais une chose est sûre, chacun a sa façon d'extérioriser ses problèmes de tension, selon la situation et sa personnalité. Un enfant qui manque de sécurité, qui est timide ou introverti, deviendra anxieux dans de tels cas, alors qu'un enfant actif ou extraverti deviendra plus agressif. Les symptômes de stress vont apparaître lorsque leur niveau d'adaptation sera dépassé, et c'est à nous de détecter ces signes, qui peuvent se situer sur les plans physique et psychologique.

Les réactions à un stress ou à une anxiété *soudaine* sont les suivantes :
* maux de ventre ;
* maux de tête ;
* nausées ;
* rougissements ;
* mains moites ou extrémités froides ;
* tremblements ;
* transpiration ;
* étourdissements ;
* tension musculaire ;
* « boule » dans la gorge.

Les réactions à un stress ou à une anxiété *persistante* sont les suivantes :
* fréquents maux de ventre / maux de tête / nausées ;
* apathie (l'enfant est inactif, il manque d'énergie) ;
* tics nerveux ;
* introversion (l'enfant est plus renfermé) ;
* tristesse, silence inhabituel ;
* troubles du sommeil ou difficulté à se relaxer ;
* démotivation ;
* agressivité ;
* régression sur le plan de la maturité ;
* comportements nerveux : se ronger les ongles, jouer avec ses cheveux, se gratter, soupirer régulièrement...

Ces symptômes peuvent indiquer la présence d'un stress soutenu, qui peut nuire au bien-être physique, affectif, social et intellectuel de l'enfant si nous n'intervenons pas. Certains jeunes vont finir par s'y adapter, alors que d'autres risquent, à la longue, de développer des problèmes plus sérieux : dépression, échec scolaire, agressivité chronique, maladies diverses, angoisse et anxiété chronique.

Les enfants expriment assez rapidement leur état de stress, ce qui nous permet de le détecter facilement. Nous pouvons ainsi corriger la situation en identifiant les facteurs en jeu et en réduisant, au besoin, les exigences ou le rythme de vie qui leur est imposé. Par contre, la situation se complique quand les parents ne sont pas à l'écoute des signes de détresse de leur enfant et laissent perdurer la situation ou lorsqu'ils représentent eux-mêmes la source de stress. L'enfant a alors tendance à ne plus se manifester, à ne plus s'exprimer, à se renfermer sur lui-même et à développer un trouble anxieux.

Les troubles de l'anxiété

Dans certaines situations stressantes, il est normal de voir son enfant s'inquiéter, être nerveux ou craintif. Cela devient toutefois problématique lorsque ce stress est envahissant, lorsqu'il est vécu régulièrement ou quotidiennement face à des situations qu'il devrait pourtant avoir eu l'occasion de maîtriser. L'enfant n'est plus simplement stressé, mais plutôt anxieux. Lorsque cette anxiété est suffisamment importante pour provoquer un repli sur soi, pour nuire aux activités quotidiennes de l'enfant, pour susciter chez lui un extrême besoin d'éviter la situation stressante, alors on peut parler d'un «trouble de l'anxiété».

Bien que certains enfants aient des prédispositions génétiques à l'anxiété, celle-ci est bien souvent occasionnée par l'environnement. Certains bébés ou enfants ayant vécu trop de stress (ou sur une longue période) deviennent anxieux. D'autres ont développé certains de ces comportements en présence de parents ou de proches eux-mêmes très anxieux.

Le trouble de l'anxiété est un état psychologique qui provoque dans l'organisme une augmentation du taux d'adrénaline, qui met l'enfant dans un état « non contrôlé ». Les crises d'anxiété se manifestent, entre autres, par une profonde inquiétude (face à des dangers ou à des menaces réelles ou imaginaires), par une accélération de la respiration, une transpiration accrue, des nausées et des crises (l'enfant s'énerve, crie, se colle). Les enfants anxieux ont tendance à craindre que quelque chose de grave leur arrive, à se faire des scénarios catastrophiques, à empirer les situations et à dramatiser leurs conséquences.

Il existe plusieurs types de troubles de l'anxiété, dont les suivants :

* **L'anxiété de séparation.** On trouve cette forme d'anxiété chez les enfants (et même les adolescents) qui ont peur de laisser leurs parents, qui ont peur qu'il leur arrive quelque chose de mal, qui ont de la difficulté à faire confiance à d'autres adultes. *Pour eux, les parents représentent une source de sécurité* ;

* **Le trouble de l'anxiété généralisée (TAG).** Les enfants qui souffrent du TAG ont de nombreuses inquiétudes et peurs qui ne sont pas naturelles ni réalistes ; elles sont chroniques et excessives à propos d'événements qui ne sont pas susceptibles de se produire ou de problèmes mineurs. Ces enfants ont aussi des préoccupations incessantes, qui minent leur esprit. Ils appréhendent des situations futures (« Et si quelque chose arrivait... »), prennent souvent le blâme pour tout événement malheureux et ont la conviction que le malheur est contagieux. Ils ont parfois tendance à tout faire à la perfection et ont un constant besoin d'être rassurés et d'obtenir notre approbation ;

* **Le trouble obsessif compulsif (TOC).** Les enfants atteints du TOC ont des pensées fréquentes, incontrôlables et démesurées (obsessions) qu'ils essaient de rejeter en effectuant des rituels précis et répétés (compulsions), par exemple se laver les mains 40 fois par jour, ranger leurs vêtements des heures de temps, vérifier 10 fois leur sac d'école avant de quitter la

maison, etc. Ces « routines » leur permettent de se débarrasser momentanément de ces pensées qui les hantent.

Il y a d'autres types de troubles anxieux tels que la *phobie sociale*, les *phobies spécifiques* (peur excessive et persistante d'un animal, d'un objet, d'une situation comme la noirceur ou les orages) et le *mutisme sélectif* (enfants qui ne parlent plus dans certaines situations qui leur causent de l'anxiété).

Si votre enfant vit des angoisses qui ne semblent pas normales pour un jeune de son âge, si ses craintes sont disproportionnées, s'il a de la difficulté à expliquer ce qu'il ressent (à saisir la rationalité de sa réaction) et si cela dure depuis des mois, il est alors conseillé de consulter.

Comment aider mon enfant à gérer et à réduire son stress ?

Les signes de stress de notre enfant sont généralement assez évidents... dans la mesure où nous sommes le moindrement attentifs à ses changements de comportement. Nous avons tout intérêt, pour le bien de notre petit, à l'accompagner, à l'aider à surmonter ou à réduire les sources de stress et à lui offrir des moyens d'y faire face le plus sereinement et sainement possible.

> *Le simple fait de prendre conscience*
> *de l'existence du stress chez son enfant*
> *est un grand pas vers le contrôle*
> *et la prévention de celui-ci.*

Les acteurs les plus importants dans la gestion du stress d'un enfant sont évidemment les parents. Ce sont eux qui pourront lui donner les moyens d'y faire face. Pour cela, il faut reconnaître les signes, discerner le problème (les sources du stress), écouter son enfant, le laisser exprimer ses émotions, le soutenir, le rassurer, puis l'aider à surmonter ce stress.

Que faire en cas de crise ?

Voici quelques éléments d'intervention en cas de crise d'anxiété ou de stress :

* **Laisser l'enfant s'exprimer.** Ne tenez pas pour acquis que vous connaissez la cause de son stress, que vous savez ce qui se passe. Laissez votre enfant parler librement de son état, de ce qu'il ressent, de ses peurs ;

* **Connaître ses craintes.** Il est important de bien cerner ce qui cause vraiment le stress. Entamez une discussion ouverte avec votre enfant afin de l'aider à voir ce qu'il craint vraiment. Posez-lui des questions, si cela est nécessaire : « Qu'as-tu peur qu'il arrive ? », « Pourquoi ne veux-tu pas aller dormir chez ton ami ? », « À quoi tu penses quand tu es stressé avant ton examen ? » ;

* **Dédramatiser la situation.** Évidemment, les parents doivent rester eux-mêmes calmes devant un enfant anxieux ! Évitez de trop rassurer votre enfant ou de faire preuve d'un excès de compassion à son égard, car cela lui donnerait l'impression qu'il a raison d'être anxieux ou stressé. Expliquez-lui que ses inquiétudes sont une réaction « normale », mais une réaction qu'il faut contrôler. Dédramatisez la situation en expliquant à votre enfant que ses sensations ne sont pas dangereuses et qu'il peut les surmonter, progressivement ;

* **Reprendre le contrôle.** Aidez votre enfant à se calmer. Faites des respirations abdominales avec lui. Serrez-le dans vos bras (établissez un contact physique) ; cela le sécurisera et lui permettra de se détendre. Placez-le devant la réalité et donnez-lui des informations réalistes sur ce qui lui fait peur : « Qu'est-ce qui peut arriver de si grave ? », « Et si ça arrivait vraiment, que pourrais-tu faire ? », « Tu sais bien que ça ne se passera pas comme ça... » ;

* **Ne plus accepter ses manifestations.** Après avoir validé avec votre enfant ce qu'il ressent et pourquoi, n'acceptez plus ses demandes de se faire rassurer, ses plaintes, ses pleurs ou ses tentatives d'évitement (sinon, il faut tout recommencer à zéro !).

Ignorez ses comportements inappropriés après être intervenu et expliquez-lui que, maintenant, il doit apprendre à surmonter la situation. S'il persiste à vouloir l'éviter, faites-lui comprendre que plus il l'évitera, plus la peur ou le stress augmentera;

✳ **Affronter la situation.** Insistez avec douceur, mais conviction, pour que votre enfant affronte la situation. Encouragez-le et félicitez-le pour ses moindres progrès ou efforts. Expliquez-lui que c'est en faisant face à son problème qu'il réussira, graduellement, à le surmonter. Parlez-lui aussi de la méthode de l'exposition graduelle: lorsque nous affrontons graduellement ce qui nous fait peur ou nous inquiète, notre peur diminue progressivement. Nous pouvons ainsi réaliser peu à peu que ce que nous craignions ne se produit pas ou que ce n'est pas si terrible que ça! C'est ainsi que nous pouvons réussir à gérer le stress excessif pour en faire un «bon stress» motivant.

Comment réduire le stress?

La prévention reste le meilleur remède au stress. Diverses situations peuvent infliger à nos enfants, malgré eux, un niveau de stress élevé. Toutefois, comme parents, nous pouvons contrôler ces situations et, ultimement, minimiser le stress qui en découle.

Voici quelques moyens pour réduire le stress dans la vie de votre enfant:

✳ **Connaître la capacité d'adaptation de son enfant.** Il est important de connaître sa capacité à s'adapter aux changements. À la base, tous les enfants ont besoin d'un environnement prévisible et régulier pour se sentir en sécurité. Lorsque surviennent des changements, leur mécanisme d'adaptation se met en branle afin qu'ils puissent retrouver le plus rapidement possible cet équilibre qui les sécurise. La plupart du temps, les changements se font bien et les enfants réussissent relativement facilement à s'adapter, mais certains d'entre eux doivent pour cela fournir des efforts importants. Ils ont une capacité d'adaptation moins élevée que d'autres. En tant que parents, nous devons en être conscients et assurer un meilleur encadrement lorsque cela est nécessaire ;

✳ **Réduire l'imprévisible.** Face à un enfant anxieux ou stressé, il est conseillé de diminuer les nouveautés et l'imprévisibilité. La préparation « psychologique » devient importante : par exemple, si vous déménagez, mieux vaut raconter à l'avance à votre enfant ce qui va se passer, comment les choses vont se dérouler, en lui donnant le plus de détails possible. Cela lui permettra d'augmenter son « sens du contrôle » et de diminuer son stress devant l'inconnu. Évitez par contre de lui en parler trop à l'avance pour ne pas qu'il ait le temps de se faire plein de scénarios ;

✳ **Revoir l'horaire quotidien.** Un horaire trop chargé est évidemment une des causes principales de stress chez nos enfants. Il est important de ne pas imposer aux enfants de faire leurs activités, leurs devoirs ou leurs tâches toujours à la hâte. C'est la même chose les week-ends, qui sont malheureusement trop souvent planifiés « mur à mur » ! Pour éviter cette situation, réservez plus de temps à chaque activité (pour éviter que vous soyez, vous et l'enfant, toujours pressés) et veillez à ce que l'horaire ne soit pas serré. Gardez du temps pour des activités improvisées ou, tout simplement, pour vaquer à vos petites occupations, même s'il s'agit de regarder la télévision ensemble, bien paisiblement ;

✳ **Revoir son propre niveau de stress.** N'oublions pas que nous transposons notre propre stress à nos enfants. Parents pressés = enfants stressés ! Essayez d'en être conscient et de respirer un peu plus profondément lorsque la pression monte ;

✳ **Faire de l'activité physique.** Bougez avec votre enfant. Encouragez-le à faire du sport et à jouer dehors. L'activité physique permet d'évacuer les tensions. Essayez de prévoir au moins une période par jour pendant laquelle votre enfant pourra « dépenser » son énergie ;

✳ **Utiliser l'humour.** Désamorcez les situations de stress à l'aide de l'humour : aidez votre enfant à voir le bon côté des choses ou leur côté humoristique. Essayez de rire davantage en famille. L'humour permet de dédramatiser plusieurs situations et réduit la tension du moment ;

✳ **Trouver des moyens de se détendre.** Aidez votre enfant à trouver des activités relaxantes (jeux de société calmes, lecture, dessin, bain, etc.) à faire avant le coucher ou pendant la journée. Ce sont des moments importants pendant lesquels il n'a pas besoin de performer ;

✳ **Établir une routine sécurisante.** Offrez à votre enfant une routine sécurisante (le matin, au retour de l'école, le soir avant de se coucher, puis au moment d'aller au lit) et des heures de repas régulières. Essayez de maintenir cette routine, sans que cela devienne obsessif ou constitue un cadre trop rigide (demeurez flexible à l'intérieur de ce cadre) ;

✳ **Revoir les exigences.** En tant que parents, nous devons nous poser cette question : en demandons-nous trop à nos enfants ? Sommes-nous la source de stress de nos enfants : leur demandons-nous constamment d'être performants (à l'école, dans les sports, à leur cours de musique...) ou avons-nous toujours des attentes très (ou trop) élevées ?

Ce qu'il faut retenir, c'est que les enfants, comme les adultes, vivent du stress (malgré eux), un stress qui, s'il est excessif ou constant, peut nuire à leur développement. Ces enfants risquent de devenir des adolescents ou des adultes incapables de se relaxer, de prendre du temps pour eux, de prendre soin d'eux. Ils peuvent même devenir des personnes anxieuses ou angoissées. C'est à nous de reconnaître les signes et les sources de stress, et de prendre un peu de recul afin de revoir notre rythme de vie familial et de corriger le tir, s'il y a lieu.

Les psy-trucs

1. Prendre conscience que les enfants aussi peuvent être stressés, malgré eux. Il faut être attentif aux signes de stress et y réagir, au besoin.

2. Ne pas encourager son enfant à éviter une situation qui le rend anxieux. Dédramatiser les circonstances, expliquer les faits et encourager son enfant (sans le forcer) à affronter la situation (exposition graduelle).

3. Diminuer la nouveauté et l'imprévisibilité si l'enfant est anxieux ou stressé. Lui raconter ce qui va se passer, comment les choses vont se dérouler, en lui donnant le plus de détails possible.

4. Essayer de limiter les changements dans la vie de son enfant : routine, maison, quartier, amis...

5. Éviter les horaires quotidiens trop chargés ou très serrés et réserver plus de temps à chaque activité (pour éviter de devoir tout faire vite, à la hâte).

6. Ne pas surcharger les week-ends ni les planifier « mur à mur ». Réserver à chacun du temps pour vaquer à ses petites occupations ou simplement pour ne rien faire !

7. Être soi-même conscient de son propre niveau de stress et du fait qu'il est dangereux de transposer ce stress sur son enfant.

8. Inciter son enfant à faire de l'activité physique, car elle permet de libérer les tensions.

9. Utiliser l'humour pour dédramatiser la tension ou pour désamorcer la situation.

Autres sujets applicables aux enfants
de 6-9 ans et traités dans le livre précédent
« Les psy-trucs pour les enfants de 3 à 6 ans »

Bibliographie

* BENNETTS, Holly et Teresa PITMAN. *Les enfants de 6 à 8 ans: Les premières années d'école*, Éditions Guy Saint-Jean.

* CHARLET-DEBRAY, Anne. *La psychologie de l'enfant*, Éditions Le Cavalier Bleu, 2008.

* DESTREMPES-MARQUEZ, Denise et Louise LAFLEUR. *Les troubles d'apprentissage: Comprendre et intervenir*, Montréal, Éditions de l'hôpital Sainte-Justine, 2000.

* DUCLOS, Germain. *Guider mon enfant dans sa vie scolaire*, Montréal, Éditions de l'hôpital Sainte-Justine, 2001.

* DUCLOS, Germain. *L'estime de soi, un passeport pour la vie*, Montréal, Éditions de l'Hôpital Sainte-Justine, 2000.

* DUCLOS, Germain et Martin DUCLOS. *Responsabiliser son enfant*, Montréal, Éditions de l'hôpital Sainte-Justine, 2005.

* GEORGE, Gisèle. *Ces enfants malades du stress*, , Éditions Anne Carrière, 2002.

* LANGIS, Robert. *Savoir dire non aux enfants*, Montréal, Éditions Quebecor, 1996.

* LAROUCHE, Gisèle. *Du nouvel amour à la famille recomposée: La grande traversée*, Montréal, Éditions de l'Homme, 2001.

* LAVIGUEUR, Suzanne. *Ces parents à bout de souffle*, Montréal, Éditions Quebecor, 2002.

* LINDER, Marie-Dominique et Théo LINDER. *Familles recomposées: Guide pratique*, Paris, Hachette, 2005.

Table des matières

Suivez les Éditions de l'Homme sur le Web

Consultez notre site Internet et inscrivez-vous à l'infolettre pour rester informé en tout temps de nos publications et de nos concours en ligne. Et croisez aussi vos auteurs préférés et l'équipe des Éditions de l'Homme sur nos blogues!

www.editions-homme.com

Achevé d'imprimer au Canada
sur papier Enviro 100 % recyclé
sur les presses de Imprimerie Lebonfon Inc.